BRAVA

BRAVA

La hija de un alcohólico

Gloria Quezada

Número de Control de la Biblioteca del Congreso de EE. UU.:   2013903558
ISBN: Tapa Dura   978-1-4633-5238-7
                 Tapa Blanda   978-1-4633-5239-4
                 Libro Electrónico   978-1-4633-5237-0

Para realizar pedidos de este libro, contacte con:
Palibrio
1663 Liberty Drive
Suite 200
Bloomington, IN 47403
Gratis desde EE. UU. al 877.407.5847
Gratis desde México al 01.800.288.2243
Gratis desde España al 900.866.949
Desde otro país al +1.812.671.9757
Fax: 01.812.355.1576
ventas@palibrio.com
450276

ÍNDICE

Cuando se llega a esta vida sin viento a tu favor, la supervivencia puede ser como navegar en un océano, teniendo a la mano tan solo un chaleco salvavidas. El atreverme a deslizarme por los caminos de mi infancia será tan fácil de contar como difícil fue todo lo vivido, porque mi vida siempre fue como vivir entre piezas de ajedrez, donde todas las figuras eran pasivas. Yo era la reina que movía el juego; irónicamente, una reina débil y con una corona de espinas.

PEQUEÑA

«Pequeña guerrera...», parece que murmura el viento cuando vas caminando. Frunces tus cejas, adoptando la personalidad de mujer; y qué más te queda, niña, si tan pequeña has tenido que tomar el timón de tu destino, jugando a proteger a tus hermanos y olvidándote de tus necesidades de niña.

Desde muy pequeña aprendí a evadirme. Soy la hija mayor de un hombre alcohólico, con una madre con la inocencia de la juventud, que no sabía leer ni escribir, lo que me provoca decir: «¡Pueblos nuestros olvidados, donde no existe el bien ni el mal!». Porque el bien, por ignorancia, no sabe cuándo hace mal. Fueron pocas las veces en las que vi a mi padre sobrio, las mismas que su descascarada enfermedad se lo permitió. Rememoro cuando me contó que había empezado a beber desde los trece años; los recuerdos comienzan a escarbar mi memoria. Tenía aproximadamente seis años: el tambaleo del tren que viajaba a la frontera de Ciudad Juárez en el mentado «tren carguero» –como le decía mi padre–, recostada sobre las cajas del escaso equipaje, con otros tres hermanos a mi lado. A mi corazón de niña le hacía mucha ilusión ir de un pueblo tan pequeño a una ciudad. Nunca podría haber imaginado mi inocencia que empezaría a darles vida a mis «jicotadas», como las llamo yo. Entretenida, observaba por la ventana mientras el hambre me hacía cosquillas y, frente a un pedazo de espejo quebrado, me miraba como diciendo: «¡Adelante, mi quijota, tú puedes!».

Recuerdo nítidamente mi primer hogar en Juárez. Era un desgarbado cuarto con una ventana de lado a lado. Más bien no tenía ventanas: no se las habían puesto. Eran solo unos agujeros. Estábamos mis hermanos, mi madre y yo dormidos en el suelo cuando, de pronto, sentimos el brinco de un hombre que casi cayó sobre nosotros. Se había llevado por delante la tela que cubría la ventana y, esquivándonos, brincó por la otra ventana. Era seguido por otro, que entró y salió por el mismo lugar por donde mi madre y yo no habíamos podido evitar asomarnos. Fue en ese momento cuando se le comenzaron a hacer hoyos a mi alma pues el hombre que estaba tirado sobre el suelo tenía un ojo salido hacia afuera y tenía enterrado en su hombro un «picahielo», como más tarde supe que le decían a este instrumento. De pronto este hombre herido se levantó y siguió su camino como si nada. Qué forma de ponerme la cara contra el suelo lo primero que viví en esta ciudad. Cuando esto pasó, mi padre ya se había ido, posiblemente al Mercado de Frutas. Él siempre hablaba de conseguir trabajo en ese lugar.

Había escuchado a mi madre decir que hacía mucho frío y que no teníamos ropa que nos abrigara, y que no sabía qué íbamos a hacer. Mientras ella se ocupaba de mis hermanos más pequeños, mi hermano Julito y yo salimos a dar la vuelta –él siempre estaba tras de mí–. Como niños que éramos, comenzamos a curiosear los alrededores. Cuando vi mucha ropa tendida en una casa, le dije a mi hermano: «Cuando yo te diga, cuentas tres, saltas y jalas ropa. Luego, corres». Así lo hicimos. Llegamos agitados adonde estaba mi mamá, y le dije que nos la habían regalado. Estoy segura de que pensó que era cierto pues, conociendo la integridad de mi madre, jamás la hubiera aceptado de haber sabido la verdad.

En un andar dormido trascurrían los días en esa desolada ciudad. Levantarme de madrugada, almorzar bocanadas de incertidumbre y tratar de llegar cada mañana al concurrido mercado ya se había hecho costumbre. Me parece que observo la diminuta figura de mi hermano y el tambaleo de mi padre, que caminaba a un lado de la acera del mercado. Papá siempre nos dejaba allí para que cuidáramos el lugar mientras él conseguía la mercancía para vender un costal de cebollas o de chile que solíamos acomodar encima de una tela. Formábamos montoncitos que luego vendíamos gritando a todo pulmón. Discutíamos con otros niños por ganar al cliente. Fue así como mi hermano y yo encontramos grandes amigos que tampoco iban a la escuela, almas como las nuestras que ya comenzaban a decolorar su existencia. Con ellos formamos un grupo. La Pachuca, una niña de grandes ojos, era muy hermosa, aunque a quién le importaba eso con lo descuidado que vestía; su pelo enmarañado le escondía su cara tan bonita. El Cerrillo, el Kiss y otros niños nos decían a mi hermano y a mí «tortillas de harina» por lo pecosos y descoloridos. Fue así como pasaban los días yendo todos los días al mercado. Había veces en que mi padre no nos acompañaba, así que nos juntábamos con la pandilla y nos íbamos al Puente Libre. Como en esos tiempos –a principios de los setenta– los turistas venían del Paso Texas a diario, los puentes estaban muy concurridos. Recuerdo que mis amigos y yo hacíamos un cono de cartulina; le poníamos un palo de escoba y nos bajábamos del puente.

Cuando la gente pasaba, les gritábamos: «¡*Money, money*!», y nos tiraban centavos que nosotros atrapábamos. Otras veces nos cruzábamos por las vías del tren; en algunas oportunidades nos atrapaban los de la migra y teníamos que hacer nuevos intentos. Cuando lográbamos llegar, hacíamos peleas con otros niños que vivían del otro lado. El Cerrillo, que había estado de vacaciones antes allí, ya los conocía. Las peleas eran de un dólar o de coras. Mi hermano y yo siempre ganábamos, teniendo en cuenta que yo jamás les aceptaba a mis amigos la bolsa cuando la pasaban; por lo tanto, me mantenía más despierta que ellos. Con la «bolsa» me refiero al pegamento con el que se drogaban que, gracias a Dios, siempre rechacé y que nunca dejé que mi hermano aspirara. Así ganábamos dinero que guardábamos para darlo a mi madre. Cada día nos sorprendía con un terreno áspero para transitar, especialmente cuando comenzamos a pedir limosna por las acaudaladas calles de la ciudad. Nunca tuvimos que hacer un gran uso de agilidad mental al hablar: creo que el cansancio que se reflejaba en nuestros ojos era suficiente para convencer a quienes en esos tiempos nos ayudaban. Había días en que mi padre se pasaba al otro lado, según él, para conseguir trabajo, pero siempre regresaba sin dinero y totalmente embriagado.

«Padre, como camino rocoso ha sido tu vida, dándoles de comer a tus monstruos y dejando en algún rincón escondido el amor de tus hijos, llevándote en tu andar distorsionado la tristeza. Jamás sabremos quién descorchó tus sentimientos, por dónde dejaste escapar el valor de tu vida. Ponerle nombre a tu enfermedad es mucho más que el contexto de la palabra. Sería nombrar lo que esconde: "falta de dignidad", porque habías aprendido a reírte de ti mismo para que otros no lo hicieran por ti. Aunque estoy segura de que tu alma lloraba, hubo tiempos en que confieso que gastaste nuestra buena fe y amor; ya no teníamos fuerza. Fueron terribles momentos de tensión que les provocaste a nuestras vidas, aunque siempre nos volvían a poner de pie tus promesas.»

Aunque papá siempre les quitara cascaritas a mi corazón, yo siempre lo amé tanto… Recuerdo aquel día: era una mañana muy fría –Juárez no es una ciudad templada–. Era a principios de noviembre. Mi padre y yo salimos rumbo al mercado, como ya era costumbre. Él llevaba en sus manos una lámpara de petróleo de las que se usan para ir acampar, ya que las madrugadas eran oscuras. Además, había que caminar una larga distancia para llegar a la parada del camión. Todavía recuerdo con angustia el sabor del frío, pues mi ropa no era apropiada y me calaba mi frágil cuerpo hasta los huesos. Podía sentirlo en todas partes; me hacía sentir compasión por el pobre perro que nos acompañaba, aunque él traía más abrigo que yo. Fue así como llegamos. Se nos fue todo el día tratando de vender pero, con el frío que hacía, no aparecía gente por el mercado. Estaba oscureciendo y empezaba a nevar sin que mi padre se diera cuenta, pues ya andaba muy tomado. Después de tanto insistirle, logramos agarrar la última corrida que daba el camión. Vivíamos en las afueras de la ciudad cerca de la cementera; quien haya conocido la ciudad en esos tiempos sabe lo lejano y desolado que era. Mirando caer la nieve por la ventana del camión, pensaba cómo iba a hacer para bajar a papá. Cómo le iba a decir al chofer para que me ayudara… Nunca voy a saber cuándo empecé a invertir los papeles, pues desde que tuve uso de razón actué como si yo fuera la madre de mis padres. Ese día no era una excepción. Cuando el chofer gritó: «¡Aquí se bajan!», intenté despertar a mi padre. El chofer, apurado, nos hizo bajar sin compasión antes de llegar a la parada, lo que nos hizo mucho más largo el camino. No me pude quejar, pues nosotros éramos los únicos pasajeros; con malos modos me ayudó a bajarlo y lo soltó antes del último escalón. Esto provocó que mi padre cayera pero, afortunadamente, no le pasó nada. Intentaba ponerse de pie, pero no podía: estaba demasiado tomado; solo alcanzaba a decir incoherencias. Se quedó en el suelo y yo, desesperada, le dije que me esperara allí porque iba a ir por ayuda. Comencé a correr y, de pronto, un pensamiento me hizo parar y voltear. Era como un mensaje dentro de mí pues, aunque parecía que iba corriendo sola, no me sentía así: me acompañaba mi ángel de la guarda –la seguridad que yo tenía me la daba siempre esa voz dulce lejana–. También sentí que debía dejar la lámpara para poder encontrar a papá; la puse sobre una piedra para alcanzar a verla a mi regreso. Me fui volteando algunas veces mirando cómo la luz se hacía cada vez más pequeña. Había dejado de mirar la luz; el tramo que había recorrido era largo, aunque no podía correr porque la oscuridad no me lo permitía. El frío me entretenía: jugaba a que fumaba para evadir el miedo. Logré divisar a lo lejos una luz tenue y me apuré todo lo que pude. Por fin llegué: era un cuartucho. La mitad de la puerta era una lámina que apenas cubría la parte de arriba; la otra mitad era de cartón. Se podía escuchar que hablaban; comencé a gritarles: «¡Señor o señora, yo soy una niña!», como si ellos no pudieran reconocer mi voz. Todo quedó en silencio; nadie me contestaba a pesar de que les había dicho lo de mi padre… Recuerdo voltear mi mirada al cielo y haberlo confundido con la neblina y la nieve… Todo era tan blanco… menos mi desesperación. En ese momento el dolor arañaba mi alma. Estaba a punto de ponerme a llorar de impotencia cuando escuché una voz dulce de mujer: «Ábrele, es una niña; hay que ayudarla».

Me dijeron: «Espere», y salió un señor que me dijo que pasara. Después que le expliqué, me dijo: «Me pongo los zapatos y voy enseguida». Lo llevé hasta donde estaba papá. Su cara estaba cubierta de nieve y tenía sus manos entre sus piernas, helado; solo esperaba verle la cara a la muerte. El señor caminó con él, prácticamente arrastrándolo. No sé cómo tuvo las fuerzas, pero finalmente llegaron. Lo tapó con una cobija y le dio café. Cuando mi padre pudo enderezarse, comenzó a hablar. Sentí una gran felicidad, la felicidad que da el sentir que estará contigo todavía el ser al que en ese momento más amas en la vida.

Buscando algo en mi alma que me hiciera quererme un poco, trascurría mi vida tratando de escapar de los eventos desafortunados que vivían mis padres. Esa mañana nos habíamos marchado mi hermano y yo, a pesar de las advertencias de mi madre. Ella siempre trataba de protegernos, pero no tenía carácter, y los niños somos muy inteligentes. Lo primero que aprendemos de nuestros padres es a medirles la resistencia para ver cuánto podemos esperar de ellos, y yo, con casi siete años, ya manejaba a mi madre. Recuerdo mucho esa mañana. He escuchado hasta el cansancio decir que las personas deben olvidar el pasado: es casi imperativo en todos los sermones de motivación. Pero yo no lo olvido. No quiero estar partida a la mitad; si lo borrara, sería como un libro sin principio pero con final. Nuestro subconsciente recuerda más lo malo que lo bueno: yo tuve pocas alegrías de niña y recuerdo muchas malas como las de ese día. Había salido temprano (a un niño puedes exigirle que no juegue, pero nunca que aguante los aguijonazos del hambre). Estábamos mi hermano y yo fuera de un lugar de comida. Salió una señora y me preguntó si quería trabajar. Le contesté que sí y luego le dije a mi hermano que esperara. Le pregunté de modo servicial a la señora en qué podía ayudarla. Me respondió que tenía que limpiar cebollas. Recuerdo que me dio un pequeño cuchillo y me llevó a la cocina. Me enseñó cómo y luego desapareció. Mi inocencia de niña no pudo ver que esa señora era de las que se hacían que el diablo las engañaba. Poco después estaba tan concentrada tratando de hacer mi trabajo… Todo fue tan rápido… No supe de dónde salió aquel hombre. Sentí que me tomaron del cuello y luego una mano dentro de mis pantalones. Afortunadamente, tenía el cuchillo en mi mano. No sé cómo me zafé y amenacé a aquel hombre que empezó a perseguirme alrededor de la mesa. Yo lo amenazaba con el cuchillo; era tan flaquita como rápida. Además, había aprendido a pelear con mis amigos. Alcancé la puerta y salí corriendo como alma que lleva el viento. Mi hermano se había ido y, ya lejos de allí, miré mis pequeñas manos vacías como mi estómago, como mi alma. Tener que guardar este suceso en lo más profundo de mi corazón aguado más mi maltrecha autoestima... Se me había adherido en lo más profundo de mi corazón una sombra, y esa horrible invasión había dejado huella en mi mente de niña.

Los días seguían pasando, y me había convertido en una niña vieja que caminaba por las calles. Se escuchaban canciones a lo lejos, alegrías no compartidas. Épocas decembrinas que me produjeron llagas vivas que en mi niñez no cerraron. Tiempos aquellos donde la miseria bailaba enfrente de mis ojos mientras que mi espíritu se abrazaba con el viento para buscar abrigo. Era tan fría pero tan fría esa mañana del 24 de diciembre cuando mi padre y yo caminábamos por el centro de Ciudad Juárez... Más que nunca me di cuenta de la indiferencia que se respiraba por todos lados. Todos se veían ocupados. ¿Quién se iba a detener a sentir alguna consideración por esa niña que respiraba desolación? Cuando llegamos al mercado, ya no nos tocó sino vender cualquier cosa pues se nos había hecho tarde, y ya toda la fruta de temporada nos la habían ganado. Como siempre, la única esperanza que sentía me la daban las pláticas con mi voz interna, las cuales me consolaban y me daban fe. De pronto comencé a sentirme feliz: estaba vendiendo todo. Emocionada, corrí para darle el dinero a mi padre para que pagara la mercancía, no sin antes haber guardado en mis calcetines algún dinero pues yo sabía que, si se lo daba todo, seguramente correría a alguna de las tantas cantinas donde ya estaba acostumbrada a verlo desaparecer para tomar. Le dije que me iba para la casa y fue así, no sin antes haber comprado un regalo barato para cada uno de mis hermanos. En esos momentos, en mi inocencia de niña me di cuenta de los contrastes de la vida: había visto la oscuridad de la tristeza esa mañana y, horas más tarde, se me presentaba la luz de la satisfacción con esos regalos que llevaba para mis hermanos. Ellos me habían hecho adicta a mirar sus caritas de felicidad cuando llegaba con algún regalo. Así, como de costumbre, me subí al camión. Iba más lleno que nunca, y me tocó ir de pie. Cuando el camión tuvo que hacer una parada, sentí un jalón: me habían robado mi pequeña bolsa de papel. Me dolió tanto que sentí como nunca la pobreza como roña adherida a mi espíritu. Entiendo ahora que la vida, en aras de darte lecciones, es demasiado cruel cuando te escoge para adiestrarte. Mientras más te le resistes a caer, más ráfagas recibes. Fue mucho lo que lloré por el camino... Tener que llegar a casa esa noche y mirar los ojos tristes de mis pequeños hermanos marcó para siempre mis Navidades.

Recuerdo los tiempos aquellos en que mi desolación oscurecía las estrellas, donde cada noche le reclamaba a Dios y mi mente de niña creía que sentía hasta su respiración. Intercambiaba mil súplicas de esperanza por promesas, y la respuesta la tenía con pensamientos bellos plasmados en mi mente. Podía imaginar que miraba sus huellas, y esto hacía brillar mi alma de nuevo.

Nacía de nuevo con el amanecer, y mi hermano Julito conmigo. Él siempre estuvo brazo a brazo a mi lado. Yo sabía que era muy parecido a mi madre en su carácter. Cuando en otoño observo caer las hojas de los árboles, pienso que estas se resisten más a caer que ellos. Será que, cuando nacemos, ya traemos medido el peso de nuestro espíritu. Yo no sé si nací fuerte, o quizá fueron ellos quienes con su debilidad le pusieron combustible a mi espíritu, especialmente Julito. Siguiendo el rumbo de su vida, me he dado cuenta de que todos los desolados paisajes que vivió al lado de mi padre lo marcaron pues papá, inmerso en su vicio, no podía ver que, con su ejemplo, también le daba de tomar al sensible ser de mi hermano, embriagando su alma. Esto dio como resultado que más tarde él también se convirtiera en alcohólico.

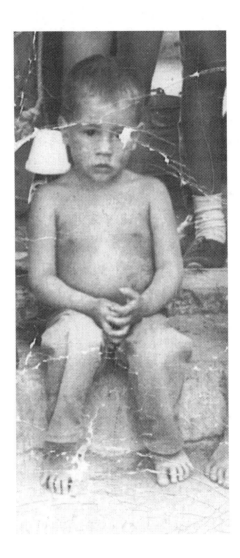

JULITO

Nació con destino chueco, a pesar de su corazón limpio de niño. La vida comenzó a darle golpes temprano, tejiendo telarañas en su frágil mente. La pobreza comenzó a decolorar su alma siempre cargando el miedo en las bolsas de su pantaloncito. Con un ojo al gato y con el otro al garabato, observaba en silencio a las personas que con desprecio hicieron hoyos en su alma. Ojos tristes con el abandono a cuestas, ojos que sin hablar preguntaban dónde estaban aquellos que habían debido protegerlo. Pero jamás obtuvo respuesta, y el sufrimiento lo siguió acicateando en serio. Hoy por hoy sigue Julito arañando la vida para abrirse paso, aunque ya llegó el invierno y se fueron los que le dieron la vida. Ya la lluvia no lo moja ni lo cala el frío; ha dejado morir los deseos de ternura dentro de su corazón y ha empezado a dibujar su alma chueca.

Hablar de mi hermano para mí es recordar a mi hermosa madre. Cómo olvidarla con sus ojos grandes, que eran como ventanas abiertas a su alma. A nadie que la haya conocido le dio trabajo adivinar sus pensamientos: cualquiera podía asomarse a su corazón. Era un ser dulce, siempre dispuesto a aceptar su destino.

MIRADA TRISTE

Mi mirada hace una parada en el rincón de mi clóset, y aquel vestido arrugado me recuerda su vida. Cuando era niña, alguna vez le pregunté el porqué de su mirada perdida y me contestó con desdén: «Hija, cuando los golpes de la vida dejan de doler, la mirada es el cedazo que cuela el sufrimiento. Por lo tanto, se nubla el brillo de tus ojos». Ahora que soy ya una mujer, me pregunto quién arrugó su corazón y dejó cicatrices que por sus ojos se miraban. ¿Quién se aprovechó de su ingenuidad apachurrando su dulzura y esperanza? ¿Quién mancilló la serenidad de su mirada? ¿Quién marcó con angustia su vida? Quiero saber de qué o de quién trataban de fugarse esos hermosos ojos.

Han sido muchos los hoyos que ha dejado huella en mí esta espinosa ciudad. Si se le hicieran rayos X a mi corazón, creo que se vería como un rallador de queso. Las angustias que más marcaron mi infancia fue el haber visto sufrir tanto a mis hermanos. Mi padre solía llamarnos por números. Yo era la número uno; Julito, el dos, y así sucesivamente. Mi hermano más pequeño, el número cinco, había nacido muy enfermo. Mi madre lo llamaba «Neco» cariñosamente. Una tarde mamá me dijo: «Cuida a tus hermanos» y la vi salir corriendo con aquel pequeño bulto enredado. Ya no volví a ver a mi hermano por la casa; solo recuerdo que nos instalamos fuera del Hospital General. Era llamado así porque iban todos los que como nosotros eran de bajos recursos. Atendían a la gente, pero había que llevarles lo que necesitaban. Recuerdo haber escuchado comentar a mi padre que teníamos que conseguir dinero porque las medicinas eran muy caras. Fueron días eternos; hicimos de todo: pedir limosna, lavar carros. Vender en el mercado no era suficiente. Fueron muchas veces las que no pudimos llevarles lo que pedían para mantener vivo a mi hermano hasta que, ese día, vi a mi padre gritar en el mostrador que, si no le entregaban al niño, iba a ir a pedir ayuda a un locutor muy famoso que había en la ciudad, que ayudaba a la gente. Le habían preguntado a papá si tenían dónde enterrar a mi hermano porque ya iba a morir y, si no tenía los medios para enterrarlo, se lo iban a entregar incinerado. Recuerdo que nos fuimos. Era de madrugada cuando estábamos fuera de esa estación de radio. Mi padre había logrado informarse de la hora a la que llegaba el locutor y, después que habló con él, nos fuimos de allí. Mi padre llevaba una carta firmada por este mismo señor, que fue como una llave que hizo que nos entregaran al niño. Cuando nos lo llevamos, su respiración era muy débil. Se le podían contar sus costillitas de lo flaco que estaba. Mi hermano sobrevivió, aunque los días siguientes fueron críticos. Por otro lado, mi madre tenía una niña pequeña menor que mi hermano. Ella tendría unos cuatro meses, y mi hermano Neco, casi dos años. A la niña mamá le puso por nombre «Teresa de Jesús» en honor a una madre que siempre la había ayudado. Esta era de un grupo de religiosas que tenían un comedor y muchas veces nos habían dado de comer. En esos días sucedió un evento que marcaría para siempre de angustia la vida de mi madre. Me extrañé al encontrar esa tarde visitas en mi casa. Se encontraban papá y mamá con una pareja de conocidos de la hermana de él. Cuando entré, parecía que todos platicaban normalmente; fue solo hasta que miré a mi madre llorar cuando me di cuenta de que algo sucedía. Cuando se fueron, mi mamá me contó que querían que Teresita se fuera con esta pareja. Mientras mi hermano sanaba, pasaron unos días y estábamos todos en casa cuando llegaron a llevarse a la niña; mamá se encontraba amamantándola. Recuerdo con la claridad de un cristal que sus lágrimas rodaban por sus pechos mientras hacía beber a la pequeña leche salada. Recuerdo su cara: jamás he visto un semblante con una mueca tan estrujante como la que vi en ella. El dolor mordía su alma. Mi madre había sido criada en un mundo donde los valores no eran de muy alto nivel. Tenía unos padres con buenos sentimientos, pero ellos habían soportado infancias muy duras y así fueron con ella. Es de imaginarse la naturaleza del carácter de ella: era altamente manipulable. Toda la inseguridad que había sufrido le hizo perder el sentido de ser ella misma. Aun así recuerdo que fue muy difícil convencerla de entregar a su hija, pues ella amaba a sus hijos profundamente; de eso no me queda ninguna duda. Era de esas mujeres que nacen con el talento para ser madres. Recuerdo cuando le dieron una carta para que la firmara cuando ya se iban a llevar a mi hermana. Ella, que no sabía ni leer ni escribir, debió haber puesto un garabato como firma. Conociendo a mi madre, estoy segura de por qué había aceptado: papá le decía que era solo para que cuidara al otro niño enfermo. Además, le pintaron un cuadro maravilloso de lo que iba a ser la vida de mi hermana; siendo ella un ser nada egoísta y viendo la situación que atravesaban, decidió entregar a la niña no sin antes haberles arrancado la promesa de que se la llevarían cada tres meses y de que la tendrían al tanto de su hija por cartas. Cuando se la retiró de sus brazos, de solo mirar sus ojos se podía sentir el agrio sabor de su boca. Yo sé que su corazón le jalaba la cara hacia abajo, lo que hacía que se viera arrugada de la tristeza. Estoy segura de que, a partir de ese momento, su alma se amargó. Ya nunca jamás volví a ver que sonriera normal; cada vez que lo hacía daba un suspiro al final. A partir de este suceso, mi madre siempre tenía la esperanza de ver a su niña y, aunque cargaba con esa herida, jamás percibí en ella rescoldos de resentimiento. O tal vez era tan débil su espíritu que jamás se hubiera atrevido a encarar a nadie. Por eso siempre pensé que nunca fue dueña de sí misma.

BELLA

Mamá, de cuadritos te hicieron la vida quienes no tuvieron el tacto de hacer un diseño para vestir tu inmensurable belleza, belleza del alma inspiradora, sin crear ego en tu ya terminada historia. Solo me queda la esperanza de haber aprendido de tu generosidad y compasión para con los demás, y a quienes no encuadraron tu paso por la vida que solo les quede el consuelo de tu mirada serena porque ya te fuiste vestida de esperanza, como se van los grandes seres que fueron humildes.

Durante los siguientes días mi hermano siguió enfermo. Extrañamente, una mañana, mientras mi mamá barría enfrente del pequeño cuarto donde vivíamos, llegó una señora muy viejita, quien le comentó que el niño necesitaba tomar una medicina que hasta hoy es muy popular y muy económica. Le dijo que la comprara y también le dijo que el niño tenía un papel pegado en el estómago. Mi madre, que hacía por el niño cuanto le dijeran, se la compró. No habían pasado dos días cuando comprobó que era cierto lo que aquella bendita señora le había dicho. Mi hermano comenzó a vivir normalmente de nuevo. Mamá jamás volvió a ver a esa extraña señora.

Meses después, nos fuimos de visita a mi pueblo acompañados de papá. Mi abuelita, observando cómo tomaba papá, pensó que corríamos mucho peligro mi hermano y yo en la frontera. Fue así como decidieron que nos quedáramos con ellos. Yo debo haber tenido para entonces como 10 años y mi hermano, 8. Para mí fue una alegría inmensa: por fin podríamos ir a la escuela; ese fue el regalo más grande que pude haber recibido. Recordarlo todavía me emociona. Aunque me daba pena pensar en mamá; los últimos meses había pasado por mucha pena, y ahora no nos tendría a mi hermano y a mí. Cuánta ausencia para su corazón… Debió haberse vuelto un caos su existencia, pues yo era como su lazarillo, la que preguntaba todo, porque ella era muy tímida. También yo era la que sabía leer y siempre lo hacía por ella. Recuerdo mucho cuando papá, aun con sus borracheras, se preocupó por enseñarme a leer. Era un hombre muy inteligente. Para mí era mi héroe de acero, pero el alcoholismo me lo convirtió en un soldadito de papel. Cuando por fin se fue y nos dejó con mi abuelita, traté de no mirarlo, esquivé la mirada. Fue así como después nunca volví a mirarlo a los ojos, aunque lo amaba. Su enfermedad le hizo cometer muchos errores, pero yo decidí borrarlos y dejar guardada en mi memoria la ilusión de lo que hubiera sido mi vida al lado de él si no hubiera tenido ese maldito vicio.

Nunca supe si mi abuelita era poco afectiva o si yo siempre había puesto una barrera entre ella y yo. Era tan chica que se me hacía muy difícil superar la ausencia de mamá. Ella era una mujer muy equilibrada; su carácter era fuerte. Fue de esa manera como la percibí. Además, cuando llegamos, mi hermano y yo ya estábamos grandes de edad. Debió haber sido difícil para ella, después de haber criado tantos hijos, el seguir con sus nietos. Recuerdo esa casa: era grande y siempre había muchos niños, aunque yo siempre tuve la sensación de ser invisible. Claro que no todo el tiempo fue así: también me hice amiga de mis primas, que se hicieron muy cercanas a mí.

LA AMISTAD

Dios me regaló tu amistad, querida prima. Gracias por tu compañía en mi niñez solitaria. Las memorias de nuestra historia siempre están en mi mente; recuerdo con nostalgia los tiempos de la secundaria cuando decíamos que íbamos a hacer la tarea y nos entreteníamos escuchando música. Gracias también por las noches que con trabajo conseguiste permiso para pasarlas conmigo, por los cuchicheos cuando hablábamos de algún niño y la tremenda gritería que hacíamos al sentirnos correspondidas. Qué tiempos aquellos de cabellos enmarañados y de camisetas guangas, donde guardar secretos nos hacía sentir importantes y el andar greñudas no era pasado de moda. Ser amigas era como un pacto de vida: la adrenalina de estar juntas curaba nuestros corazones rotos. Querida, el regalo más grande que me diste fue un pedazo de tu alma, por eso te quise como hermana. Y una de las cosas que más admiré de ti fue la sensibilidad que tuviste para entenderme y para darte a entender. Gracias por tu amistad.

Fue muy difícil entrar a la escuela porque ya era muy grande para comenzar. Me tuve que armar de valor y pararme enfrente de todos para que me presentaran. Recordar a aquella maestra llamada «Elia» decir que yo era un ejemplo para los demás de la forma como leía me dio mucha confianza. Cuando las malas experiencias abundan en nuestras vidas, las buenas brillan y a la larga deberían ser las únicas que recuerdes.

Con el correr de los meses en este pueblo, me trataron de hacer de queso el corazón. Los niños pueden llegar a ser tan crueles como la vida. Algunos de ellos trataban de disminuirme la autoestima al más bajo nivel pues no perdonaban que fueras débil, porque es así: las burlas van siempre dirigidas a los más pequeños y débiles. Era una balanza donde yo siempre quedaba abajo, donde me sentía en esos momentos poco menos que una cucaracha. Había niños muy inteligentes que por lo regular traían esas enseñanzas de sus hogares, donde sus padres les enseñaban a comerse a otros seres humanos de un bocado y sin sal, hablando en sentido figurado. Estoy casi segura de que allí nació el alcoholismo de papá cuando todavía era un niño. Seguramente se había encontrado con muchos niños así, pero yo sería más inteligente que papá. Yo mantendría una lucha constante para no dejarme crecer rencor. Gracias a Dios, fue así. Esa niña es la admiración de esta mujer que se siente ganadora por haber logrado ser parte de la cadena de niños positivos que no se dejaron malear.

Mi corazón está cada día más vacío al ir cargando las ausencias de mis padres y hermanos. Le ha dado de comer más a mi soledad y hay veces en que me he pellizcado para saber si estoy realmente viva, pues el pesar y la zozobra de imaginar cómo se las arregló mi madre me mantiene la vida en un hilo. Me la imagino donde vivíamos; el dueño del cuarto tenía un *yonke* alrededor y, en las tantas borracheras de papá cuando vivía allá, recuerdo que, cuando lo veíamos muy tomado, corríamos a escondernos entre los carros, así no tenía quién lo escuchara, y se dormía. Allí me nació el gusto por los fierros; me encantaba jugar a ser el doctor. Les quitaba todo lo que podía; siempre juraba que sería mecánica, pero jamás lo decía por el hecho de ser mujer. La gente de mi pueblo donde vivía era una sociedad de invernadero donde se guardaban siempre las cuestiones de familias para que las críticas no pudieran humedecerlos, aunque mi padre era una excepción: borracho, hacía escándalos a los cuatro vientos para que todos se enteraran de lo que pasaba en la familia. Aunque había cosas que sí estaban muy bien guardadas, por ejemplo, el ser homosexual. Solo mencionarlo era pecado, y digo esto por el más querido de mis amigos que lo era y viva por él y por Dios que lo quiso así. Él fue mi amigo más querido, el único al que hubiera querido verle sus sentimientos a flor de piel, pero jamás tuvo el valor de hacerlo. Pobre amigo mío: le robaron su ser los prejuicios estúpidos.

PAPÁ DIOS

Papá Dios, tú que has dejado escrito en el libro de la vida que somos trocitos de tu corazón, dime, Papá Dios, si al impregnarnos nuestras almas de amor no era acaso para que lo expresáramos sin limitaciones y a la medida del sentimiento de nuestro ser, porque supongo que el amor debería abrir nuestras mentes para llenar nuestros corazones de armonía. Porque tu amor es universal y libre. Ayúdanos a que nuestra visión no esté condicionada por mentes egoístas para las que los sentimientos no tienen lugar, pues no entienden que nadie puede ser igual en cuestiones de amar, aunque seamos hermanos, porque todos venimos de Ti. Haz pues, Dios mío, que todos abramos las puertas de nuestro corazón y le demos la bienvenida al amor en cualquier sabor y color.

Volví a ver a mamá de visita en las vacaciones en Juárez. Me contó cuánta falta le había hecho; tanto como ella a mí. La pobre me contó de todas la penurias que había pasado. Yo, que para entonces ya tenía como doce años, la convencí de que regresara conmigo al pueblo. Ella tenía algún dinero ahorrado de lo que lavaba ajeno, y así regresamos de nuevo a nuestro pueblo.

Ya estando en el pueblo, la vida siguió siendo aun mucho más dura. Mi hermano y yo continuamos viviendo con los abuelos. Me consolaba saber que mi madre estaba cerca, aunque por lo pronto la paz se había terminado. Mi padre regresó y, en el proceso de su enfermedad, siguió dejando caer su maltrecha dignidad hasta el fondo. Sus llegadas a casa de la abuela a todas horas para llevarse cuanto podía para saciar su vicio ya habían hecho hielo la voluntad de los abuelos. Donde ya el amor de padres no habría sido capaz de encender ninguna hoguera, mi querido abuelo siempre había puesto todo su ser para hacer de papá un hombre de bien. Como era su hijo mayor, lo ayudó en su juventud económicamente. Con ese dinero mi padre podía perderse sin conciencia en su vicio. Él siempre fue «bohemio y dicharachero», como dice la canción: era uno de esos personajes de los que existe solo uno en cada pueblo. Mi abuela siempre le decía que como él no había dos.

Así fueron pasando los años, y la enfermedad de papá se fue enlodando hasta convertirse en un pantano. Yo, con catorce o quince años, luchaba por terminar la secundaria, mientras que mi hermano nunca quiso estudiar. No pudo aprender a leer. Para mí siempre fue terrible pensar que el que perpetuara a papá fuera tan idéntico físicamente a él. El fastidio que la enfermedad de papá les dio a nuestros espíritus nunca nos dejó ver la vida de una forma clara y serena.

VIDA ABSURDA

Dame un corazón equilibrado y un poco de calor para mis fríos porque no quiero que las tormentas dividan mis pensamientos. Déjame caminar con paso firme; no embarres mi sendero, pues no debo convertirme en un ser mutilado. Vida, luché al nacer para tenerte y ahora me resistiré a que me revuelques. Voy a hacer que el sufrimiento me venga bien, contra ti, contra todos.

Cuando terminé la secundaria, la prisa era muy grande para que me fuera a trabajar y ayudara a mi madre y hermanos, que para entonces ya sumaban once. Tengo que decir que mi abuelita fue un ancla para mí. Ella fue mi ejemplo. Todo cuanto aprendí de ella con los años se ha convertido en oro molido. Le agradezco que me haya transmitido el amor por la lectura: siempre la recuerdo leyendo. Me apena haber sido muy fría con ella, pero es de entenderse. Mis hermanos y yo sabíamos que éramos los hijos de la «oveja perdida», como le decían a mi padre. Por esa razón siempre sentimos que éramos los frijolitos negros de la familia. Es difícil ganarse respeto en esta vida y más aún si quienes te presentan a ella lo hacen de una forma como lo hizo papá por culpa de su maldita enfermedad. Estoy segura de que él hubiera querido tejerme un camino bueno cuando nací, pero para entonces el alcoholismo ya lo había atrapado en su telaraña y enredado cada vez más hasta que ahora ya pendía de un hilo. No quiero parecer una persona amargada porque nunca lo fui: soy más bien realista. Desde muy chica me di cuenta con mucha claridad de mi destino y tengo la seguridad de que, si mi abuelita y mi madre no lo hubieran tocado, otra sería mi existencia. Dicen que, cuando tú vas a morir, te pasa toda la vida en segundos por la mente. Eso me pasó a mí, pero cuando estas dos mujeres murieron. Como en una película pasó toda mi vida. Si ellas no hubieran ejercido esa influencia positiva en mí, otro hubiera sido mi destino. Yo nunca dudé de que mi abuelita me amaba y me sigue amando en alguna esquina donde se pierde todo, menos los recuerdos. Fue grande la desesperación que sentí cuando la vi dormida para siempre.

QUERIDA ABUELA

Querida abuela, me desgarré el alma y quise explotar mis pensamientos para que me notaras. «No quiero que te sofoques allí dentro», pensaba, y mi mirada penetrante intentaba dar vida a tus ojos cerrados. Grité: «¡Mírame, aunque sea con los ojos de tu alma!», y entonces un viento cálido estremeció mi cuerpo y me sentí invadida por una dulce sensación: era tu respuesta porque fuiste una influencia real y efectiva en mi vida. Trabajo bien logrado, querida abuela: naciste con corazón de madre y te fuiste con diploma de maestra. Ya sin más preámbulos te digo que te reconoceré cuando te vuelva a ver porque no cambiarás de apariencia. Sé que te encontraré vestida con rayos de luna. Hasta pronto, querida abuelita.

Luego de haberme graduado, he tenido que comerme las ganas de seguir estudiando para irme a trabajar al «país de las oportunidades». Cuando veo una escuela, me envuelve la melancolía. El papel y la pluma me han ayudado a sosegar ese sentimiento. No sé cuántas plumas he gastado. Debieron haber sido muchas porque son incontables los papeles que tengo guardados. Son eventos que se asoman a mi vida cada vez que los leo, pero la vida me exige seguir en la ruleta rusa que da vueltas y vueltas. Si no me mantengo parada, todos pasarán sobre mí.

Muy joven comencé a enfrentar la vida en este país, tirándoles golpes a los monstruos de mi mente que tenía adheridos al frío de la ausencia de mis seres queridos. Eran como navajazos para mi joven corazón ya herido, pero seguía tratando de darle una buena condición a mi alma, aunque se me estaba haciendo muy difícil conseguir trabajo. Habían sido muchos los rechazos por ser joven; pasé por momentos en que mis sentimientos se desgarraron. Recuerdo un día cuando, llorando, le dije a Dios: «¿Por qué, Dios mío, si nunca te he fallado? Me rindo: ahora te toca a ti». Por la mañana me habló una vecina con la que había hecho amistad. Ella me ayudó a encontrar el primer trabajo que tuve. Era la respuesta de Dios; él lo tenía asignado para mí y, como todo lo que viene de Dios es bueno, esta era una familia encantadora de personas mayores: un doctor y su esposa. Tendrían como setenta años y la abuela, la suegra del doctor, como noventa o más. Yo no sabía por qué se habían encariñado tanto conmigo. Era increíble cómo me trataban... Parecía que yo había llegado, pero para que ellos me sirvieran a mí. Debieron darme muchos consejos, que por el idioma nunca entendí; fueron ellos por los que retomé la escuela para aprender inglés. Transcurrieron los meses a paso forzado. Mantenía siempre firme la promesa que un día le había hecho a mamá de que buscaría a mi hermana y, gracias a Dios, ya casi era un hecho. Ya me habían dicho dónde vivía. Hice planes con mi hermano para ir a buscarla. Nos acompañaron unos familiares que nos llevaron, pues nosotros para entonces no teníamos carro. Todo el camino estuvimos invadidos de una gran incertidumbre, pues lo poco que sabíamos era que la señora que había criado a mi hermana era una buena mujer, aunque nunca había regresado a llevar de visita a mi hermana como le habían prometido a mamá. Debió haber sido porque, al poco tiempo de habérsela llevado, se divorció y vivían solas ella y mi hermana. Cuando por fin llegamos a Mineral West, un pequeño pueblo en el estado de Texas, fue grande la sorpresa al volver a ver nuevamente a mi hermana, que tenía como seis o siete años. Recuerdo que yo solo la observaba. Se comportaba de modo muy parecido al de mis hermanos y al mío; era como verme a su edad. Había momentos en que se quedaba como pensando. Se podía ver la seriedad en su rostro como si estuviera fuera de la realidad. Luego movía la cabeza como diciendo: «No pasa nada», y salía de nuevo la niña inquieta que era. Ser la mayor me ha permitido reconocer mi niñez en cada uno de mis hermanos. Todos actuábamos de la misma manera como ensimismados por dentro, y luego la aparente alegría y despreocupación. Claro, había que evadir el peso de nuestro mundo interior. Ya platicando con la señora, me dijo que a mi hermana siempre le había hecho saber que tenía muchos hermanos y otros padres. Pobre de mi hermanita: debió haber sido muy difícil para ella controlar el cabalgar de su mente entre dos mundos. Yo me identifico mucho con ella y puedo sentir en parte lo que ella sufrió, pues yo también viví mis tiempos de soledad. Me hacía recordar etapas de mis tiempos cuando vivía con mi abuelita y tenía su edad. Yo sé lo que es eso y, aunque ella se desenvolvió en otro mundo donde económicamente había un abismo entre ella y yo, no dejo de considerar el encontronazo emocional que debió haber tenido cuando nos conoció. Recuerdo con dulzura ese momento cuando me dio un abrazo. Sus ojitos se toparon con los míos y hubo una comunión antigua, como si siempre hubiéramos estado juntas. Creo que nuestros corazones reconocieron el llamado de la sangre en aquel abrazo que estaba hecho del mismo color.

QUERIDA HERMANITA

Querida hermanita, la adversidad separó nuestros destinos, pero nunca pudo destruir nuestro amor. Jamás los vientos nos impidieron seguir tus huellas ni descascararon la esperanza los obstáculos. Afortunadamente, te encontramos cuando todavía eras una niña que sabía mirar a los ojos. Precioso ser de una honestidad inviolable... Abriste tus brazos y fuiste demasiado fuerte para perdonar la ausencia; dejaste que tus emociones abrazaran el llamado de la sangre. Fue así como, al encontrarte, nuestros corazones se abrazaron, porque el amor siempre había estado intacto.

Me di cuenta, desde el primer momento en que la miré, de que nuestros destinos ya jamás se separarían porque ahora Dios me había dado licencia de controlarlos: yo y mi amor de hermana jamás lo permitirían.

Así siguió pasando el tiempo... Cada año juntaba todo lo que podía y me iba a visitar a mi familia. Era una loca destrampada: mi juventud me hacía no tener miedo, y menos si se trataba de ver por el bienestar de mis hermanos.

En una de mis visitas mi hermano Lole me preguntó si me podía acompañar. Él era cuatro años menor que yo: para ese entonces tenía como catorce años. Siempre trataba de huir de la pobreza y del alcoholismo de mi padre. Recuerdo cómo habíamos corrido para cruzar la frontera. Alcanzamos a llegar a un bote de la basura y allí nos ocultamos pero, de pronto, al mirar hacia la esquina, fuimos descubiertos. Yo solo alcancé a abrazar a mi hermano como si lo estuviera besando, dándoles la impresión de que éramos novios. Ellos solo se limitaron a saludarnos con un saludo militar diciendo: «*Hello*, Rambo», y se alejaron. Después nos fijamos en que la gorra de mi hermano decía esa frase. En mi imaginación tenía un ángel para distraerlos. Yo siempre tuve un ángel para cada súplica: pensaba que era mucho trabajo el que tenía un solo ángel para cargar con todo.

El ritmo acelerado de la vida continuaba, y mis hermanos varones, que habrían tenido que ser mis brazos para ayudarme, habían dejado perder la perspectiva del motivo real por el que habían llegado y empezaron a vivir al día. Llevaban por dentro un caos interno, y no era para menos:

la juventud era mucha y se les desbordaba. Presentía que comenzaban a imitar el ejemplo de mi padre. Ellos, que tan solo tenían unos cuantos años menos que yo, me miraban esperando tanto de mí como si quisieran que fuera yo la que les diera respuesta a todas sus necesidades afectivas. Pero yo les decía que no confiaran tanto en mí porque yo también arrastraba mi juventud igual que ellos. Yo también cargaba mi alma destellante de pesares; aun así, me quedaba callada y me mantenía inerte. Dejaba que siguieran recargando su hombro en mí. Tengo que decir que por lo menos era sincera conmigo misma al reconocer que no era fuerte, que me sentía como una pobre gata para la que no existían días, solo noches donde trataba de encontrar brillo en los ojos de los seres a los que tanto amaba. Aunque sabía que les asustaba la vida tanto como a mí. Carecíamos de la fe, de la confianza que deberían habernos dado con la vida nuestros padres. Por eso esta pobre gata, cuando no podía sostener el peso, se derrumbaba en las azoteas para que no la vieran débil y le maullaba al cielo para intentar convencerlo de que le cambiara su destino. Pero solo le respondían con un rayo de voluntad, que le recargaba su espíritu y le hacía recordar que tenía el compromiso de estrenar otra de sus vidas el próximo día.

El que mi hermana América, con casi quince años, se hubiera aferrado de mi brazo en otra de mis visitas a México ya para mí no fue una sorpresa. Era de entenderse por el complejo panorama que se les presentaba con papá cada vez más enfermo. En toda la familia se sentía la desesperación y la soledad, pues los había convertido en «paganos» de sus errores. Lo único que los mantenía esperanzados era la ilusión de un mundo mejor. Para mí, saber que mi hermana había crecido me hacía mucha ilusión. Nunca es igual con los hermanos varones: estaba segura de que, acompañada de ella, mis tiempos de soledad serían menos vacíos.

DE TU MANO

Me diste a guardar la llave de tus secretos. Cuando empezamos a vivir solas, era grande el sentimiento de libertad que experimentábamos. Era supremo el sentir que teníamos alas; nos sentíamos como en las nubes. Habíamos tejido un velo color pastel con hilo de ilusiones para cubrirnos las dos; juramos que jamás tendríamos que perdonarnos porque nunca nadie podría hacer que se nos rompiera la confianza. Era divino evadirnos haciendo planes. Era entonces cuando la realidad explotaba la ilusión: una sola llamada de nuestra madre bastaba quejándose de nuestro padre alcoholizado y pidiéndonos ayuda. Se nos reventaban las burbujas. Éramos tan jóvenes cuando llegamos a este país que, aunque nos cambiábamos la edad con valentía para conseguir trabajo, había veces en que nos decían que éramos muy altas, pero que aún teníamos cara de niñas. Cuando nos rechazaban, la más grande de las tristezas nos atrapaba: era como una pesadilla donde chiflábamos para darnos valor. Querida hermana, hicimos de nuestras penas y soledades un licuado para alimentar nuestras jóvenes almas.

Había viajado durante varios veranos a California gracias a los patrones de una hermana de papá. Eran personas de gran corazón y, económicamente, muy bien acomodadas. Contrataban a dos o tres niñeras para que viajaran con ellos. Los niños eran excelentes y nos hacían sentir como en familia. Ese verano permitieron que mi hermana nos acompañara, para así duplicar el dinero para comprarle una casita a mi madre en la ciudad. La vida en el pueblo se había convertido en un infierno; no hubiera sido tan difícil si mi padre hubiera puesto algo de su parte. También, por otro lado, era tan grande la impotencia de que tu madre fuera un ser tan inocente y que no pudieras confiar en ella… Y de mi padre ni pensarlo. ¿Cómo iba a poder yo desenvolverme en un lado y en el otro, conseguir el dinero y al mismo tiempo estar allá? Dicen que el sufrimiento tiene un tope, pero la impotencia es un remolino que da vueltas y vueltas, y te mantiene mareado. Tuve que confiar en un familiar de mi madre para que nos ayudara a comprar la pequeña casa. Después de algunos meses, regresé a mi pueblo para ayudar a mamá a mudarse.

Ya estando allí, llegué a la dirección y, cuando toqué la puerta, una mujer me abrió la puerta y me llevé una gran sorpresa cuando me dijo que le había comprado la casa a esta «señora». (La llamaré así, ya que no vale la pena decir su nombre). Apenas unos días antes había hablado por la mañana con ella y me había dicho que la casa estaba lista para mudarse, y ahora me encontraba con eso. Para mí la burla era demasiado cruel; me había hecho llegar hasta ahí para enterarme de esa manera del abuso de confianza. Hubiera querido caer en ese momento si no hubiera tenido el alma tan tallada. Creo que hubiera explotado en llanto, pero no fue así. Solo sentí como un choque eléctrico y me quedé parada por unos instantes; luego me di la vuelta con valor. Las medias vueltas en mi vida ya se habían hecho costumbre; siempre las había dado sin mirar atrás, sin llorar, como una guerrera que sabe perder porque mi vida siempre había sido así: perdiendo. Sentí que debía dejar morir mi inocencia en cuanto a confiar y que debía masticar más despacio mis errores para no volver a repetirlos.

Hay veces en que me he preguntado por qué el destino nos prepara a algunos más que a otros. Bocanadas de traición que tendrá uno que comer, le apetezca o no. Yo no lo podía creer, aunque a esta señora familiar de mi madre casi no la conocía. Solo sabíamos por mi abuelita paterna que nos contaba de ella y, con el tacto que tenía para hablar de otras personas, nunca habló mal. Me dirigí al centro de la ciudad; después de lo que había pasado tenía que pensar cómo les diría a mi madre y hermanos lo que había sucedido. Quería buscar un libro que me diera instrucciones de cómo reventar los sueños de aquellos niños y de mi madre, que estaba ilusionada apenas un día antes. Ya cansada, caminando por la plaza de mi amada Chihuahua, levanté la mirada para tirarle un beso a Dios desde aquella banca rayoneada con nombres de personas que algún día se habían sentado allí como yo, escribiendo sus nombres para decirle a Dios: «Aquí estoy, soy tu hijo también. No me abandones». En ese momento mi mirada se fijó en un letrero que decía: «Despacho de abogados». Me puse de pie y me dirigí como hipnotizada. Me recibió una mujer de dulce sonrisa apenas nos miramos. La simpatía fue mutua: no había pasado una hora y ya nos reíamos como si fuéramos grandes amigas. No le quise contar lo que me hizo entrar; creo que le dije que estaba buscando una dirección. Todavía mi corazón se resistía a creer la traición de esta señora… Después de que la abogada me dio su número de teléfono, me dijo que esperaba que fuéramos amigas. Eso fue muy reconfortante para mí, que no conocía a nadie en la ciudad. Antes de irme a mi pueblo, decidí ir a pedirle una explicación a esta señora. Cuando la sorprendí, no encontró palabras y me hizo pasar. Me empezó a contar que había tenido que vender esa casa porque era pequeña y que había comprado otra más grande con el dinero, que había sido una gran oportunidad. Yo la escuché detenidamente y, cuando me dijo que tenía que darle más dinero, que le trajera todo lo que teníamos en el pueblo, me dio mucha tristeza. Yo, que creía todavía en los lazos familiares, más que nunca me daba cuenta de lo ingenua que había sido. Tuve que cambiar los gestos de mi cara para decirle que no había nada en este mundo que ofendiera tanto a un ser humano como el que menospreciaran su inteligencia. Me daba pena que mi madre, una mujer conocida por tener un corazón tan noble, pudiera tener un familiar como este. Cuando se dio cuenta de que ya no me engañaba, las maldiciones y las amenazas no se hicieron esperar. Yo estaba allí en esa situación tan solo por haber confiado. Cuando me fui me sentía más fuerte que nunca. Es fastidioso escribir todo este evento, pero indiscutiblemente hay que mencionar a este tipo de personas porque es de ellas de quienes más se aprende lo que no se debe hacer en la vida.

Después de algunos días de haber masticado lo sucedido, decidí vender todo lo que aún me quedaba y, en compañía de uno de mis hermanos que solo tenía catorce años, buscamos otro lugar donde vivir en la ciudad, porque teníamos claro que los obstáculos son para quitarse. Pensaba en esos momentos que se avanza limpiando el camino. Mi madre, mis hermanitas y mi papá, todos, iniciamos el camino del pueblo a la ciudad. Yo no era buen chofer teniendo en cuenta que era tan joven y que era mi primera camioneta. Había pagado por esta unos setecientos dólares cuando estaba en Texas. Traía a papá muy tomado, que hablaba demasiado; también me aguijoneaba como el zumbido de una abeja dentro del oído el pensar en el incierto día de mañana. Esto me preocupaba. La dirección de la casa era una colonia nueva muy alejada. Estábamos por llegar a las vías del tren (sería de tarde ya) cuando no sé cómo pasó todo. Solo recuerdo haber pisado muy fuerte con mi pie y apretado con mi mano izquierda el volante mientras que con el brazo derecho detenía con fuerza a mis pasajeras. Con el brinco la camioneta se paró. Solo alcancé a mirar hacia atrás; en la parte del tren en la barandilla iba un hombre que hizo una señal como de alivio. Había mucha gente; adelante había una parada de camión y un puesto de comida. Muchas personas nos hacían señas como sorprendidas porque nada nos había pasado. Entonces me di cuenta de que papá había detenido con su mano derecha también los cuerpecitos de mis hermanas. Lo que más me sorprendió es pensar cómo su sentido de protección se mantenía latente aunque estaba tan embriagado. Una prueba de amor de un padre —inclusive con aquel vicio que lo había superado— cuyo instinto se mantenía en él. También influyó el poder del grupo de ángeles guardianes, uno por cada uno de nosotros, que debieron de haber detenido el tiempo para que nosotros cruzáramos.

Empezar la mañana hacía que se recrudeciera en mí la angustia por no saber lo que nos deparaba el día. La esperanza que se veía en los ojos de mis pequeñas hermanas me daba energía. Creo que Dios trasmite confianza a través de los ojos de los niños. Ellos siempre me llenaban de valor. Ha sido así como comencé a tratar de hacer que mi familia se encaminara en esta ciudad. Para mí, haber dejado mi vida en los Estados Unidos donde ya llevaba viviendo cerca de cinco años a veces hacía que la tristeza me agobiara. Me había sido tan difícil aprender a vivir allá... y ahora tenía que empezar aquí de nuevo.

«Si por lo menos tuviera una amiga...», pensaba en el ruidoso camión. A mi lado iba una joven vestida con ropa de trabajo un poco sucia y le pregunté: «¿En qué trabajas?». Y ella, muy amable, me comenzó a contar orgullosa que estudiaba mecánica. Mi emoción era grande: ¿cómo Dios me pudo poner a una chica así en mi camino? Yo había enterrado ese deseo, aunque siempre me apasionaba imaginar el hecho de cómo podía una máquina tan fría por fuera llevar por dentro tanto calor. Además de haber jugado con los motores cuando era niña, había estudiado en los Estados Unidos motores de maquinaria pesada diesel. La chica estaba muy interesada en lo que yo le contaba. Me hizo prometerle que iría a su escuela, después de haberme dado su número de teléfono y de haberme dicho su nombre. Luego se bajó del camión. Su nombre era Carla. Era una chica muy linda con un cabello largo y hermoso. Su aspecto era femenino y frágil, pero su mirada tenía la esencia de un espíritu fuerte. Y sí que lo era. Más tarde me pude dar cuenta de que estaba en mi camino por alguna razón; me había impresionado mucho su naturalidad para hablar de mecánica, contrariamente a mí, que me lo guardaba como en una caja de seguridad para que nadie se enterara de lo que me gustaba. Ella era la primera persona con la que hablaba de esto en esta ciudad. Cuando me bajé del camión, al llegar a mi casa y ver la pobreza, mi espíritu entró en agonía, pero la dulzura de mi madre y la alegría de mis pequeñas hermanas que corrían discutiendo entre ellas por recoger el desorden culpándose unas a otras me hacía reír. Para todos mis hermanos yo era como su maestro por quien ellos se sentían protegidos. Si hubieran sabido la pobre ardilla asustada que era por dentro, se habrían estremecido. Después de haberles prometido que irían a la escuela, nos fuimos a la cama. Teníamos que aprovechar el tiempo antes que llegara papá borracho y con sus gritos no nos dejara dormir.

Temprano por la mañana, ya alistándonos para ir a buscar escuela para mis hermanitas, llegó un carro muy sospechoso, y se estacionó enfrente de la casa. Se bajaron cuatro hombres y mi madre y yo, sorprendidas, les preguntamos qué se les ofrecía. No contestaron, pero bastó mirarlos a los ojos para darnos cuenta de que algo estaba mal. Le dijeron a mamá, muy agresivos, que se hiciera a un lado, que me buscaban a mí. En ese momento solo pasaron por mi mente las amenazas de la «señora»: era la única explicación que tenía sentido. Después de unos momentos todo se volvió una especie como de película, pero en cámara rápida. Me metieron en el carro con violencia; mi madre comenzó a preguntarles gritando adónde me llevaban. Lo último que recuerdo fue que mamá se agarró de la puerta del conductor y le suplicó mirándolo a los ojos que por favor no me hicieran nada. Estoy segura de que el chofer se llevó la desesperación de mi madre grabada en su mente porque fue él quien me defendió en el camino. Al principio no decían nada porque yo era la que hablaba sin parar mientras que ellos solo se reían. «¿Cómo puede ser posible que una situación así pueda provocarle risa a una persona?», pensaba. Cuando la angustia de mi madre y la mía rayaba el tope de lo que puede resistir un ser humano, yo no entendía cuál era el chiste, pero aprendí que el sufrimiento solo puede causarles risa a seres que, por su desgraciada vida, ahora tenían el pretexto de ser seres que creían que reían. Pero ni ellos se la creían. Para mí eran almas muy lastimadas que escondían la amargura con la risa. Entonces, mientras daban vueltas y vueltas, uno de ellos preguntó quién era el que iba a comenzar a golpearme para que me callara. «Lo mejor sería dejarla ir –contestó el chofer, que había estado todo el camino callado–, ¿no miraron a su mamá?». En ese instante me di cuenta del maravilloso milagro de la mirada de mi madre y de sus súplicas: habían ido derritiendo por el camino a ese hombre, que comenzó a gritarles a los otros como ordenándoles. Les dijo: «Para lo que nos pagó la vieja, mejor hay que dejarla ir». Parecía que no se ponían de acuerdo y, ya desesperada por un momento, tuve unas ganas inmensas de jalar la manija de la puerta y tirarme. Fue un plan desesperado que pasó por mi mente. Creo que el hombre me adivinó el pensamiento cuando se tocó la pistola. Gracias a Dios no hice nada; decidieron bajarme. Creo que el chofer reconoció el corazón de su madre en la mirada de la mía; debió entender que yo venía de una familia con tanto sufrimiento como la de él y de que nosotros, lejos de haber amargado nuestro mundo, nos habíamos convertido en almas luchadoras que trataban de darle buena cara al sufrimiento. Jamás dejaré de agradecerle a Dios por que, en medio de tan mala experiencia que había tenido que vivir, hubiera estado esa persona que todavía tenía un pedazo del corazón que no se le había agriado. Yo me sentía bien conmigo misma porque había reaccionado favorablemente a la traición de la «señora», aunque ella no había aceptado el chasquido de mis manos cuando la saqué de mi vida. Personas así no se conforman con hacer daño una sola vez; esa era la razón del coraje que sentía: le había fallado su segundo intento de maldad.

Me sigue quedando claro cuán sagrados son los vínculos familiares en el corazón de un ser humano que está perfectamente diseñado para hacer funcionar el cuerpo. Pero en este caso me refiero a nuestro corazón emotivo, que es como un rompecabezas donde tus padres, hermanos, abuelos, tíos, etc., le dan forma. Mi corazón ya jamás estaría completo: ya no estaba esa señora en mi vida como no lo estaban ya muchos seres queridos que desde mi infancia habían borrado sus huellas de mi corazón. La vida continuaba... Me comuniqué con Carla, la de los fierros. Me invitó a ir a la escuela para acompañarla y allí me presentó a su maestro, un ingeniero mecánico. Todos sus alumnos me cayeron muy bien. La humildad espontánea se hacía sentir. Todos me animaban para que estudiara mecánica automotriz después de que se enteraron de que había estudiado diesel. Yo sabía que iba a llevar un tiempo para que mi mamá y mis hermanos se adaptaran a la ciudad y tenía esperanzas de que mi padre asistiera a un grupo para alcohólicos. Entonces me registré en la escuela: me había impresionado la camaradería de todos. La vida en esos momentos me estaba enseñando el otro lado de la moneda en cuanto a la calidad de los seres humanos.

Salir todas las mañanas a la escuela me llenaba de ilusión ya de solo pensar que trabajaría en lo que me gustaba. Esa mañana era muy especial para mí. El maestro había dicho que la escuela tenía una invitación para un concurso de mecánica y que habían decidido que yo participara acompañada de tres compañeros más. Eran varias ciudades que participaban en el concurso de nuestra ciudad. Había sido muy agradable para mí saber que me habían tomado en cuenta. El ver la alegría de mis amigos que carecían de egoísmo me hacía pensar en lo que recientemente había vivido.

DIRECCION GENERAL DE CENTROS DE CAPACITACION

COORDINACION ESTATAL

D I P L O M A

QUE SE OTORGA AL C. *Gloria Quezada Trevizo*

POR SU ASISTENCIA Y PARTICIPACION *en el primer*
Concurso de Mecánica Automotriz

Chihuahua, Chih., a 8 de Junio de 19 90

JOSE ARMANDO BARRANCO FUENTES.

JESUS PALLARES MORONES.

S. E. P.
DIRECCION GRAL. DE CENTROS
DE CAPACITACION

EL DIRECTOR DEL CENTRO

COORDINACION ESTATAL

DIRECCION GENERAL DE
CAPACITACION
COORDINACION REGIONAL
CHIHUAHUA, CHIH.

SERES LIBRES

Ya entonces me sentía mejor, muy lejos de aquellos seres que habían enturbiado mi paz con su maldad. Por el momento ya no tendría que esquivar más el viento. Ahora sentía que me desenvolvía entre seres libres, libres como los pájaros, esos seres nobles. Ahora me enseñaban a cubrir con lodo mis cicatrices para que pudiera seguir siendo un alma brava, pues sabía que debía seguir cumpliendo mi destino.

Parecía que la vida ya se iba dibujando. Mis hermanos José, de trece años, y Neco, de catorce, habían conseguido trabajo en el mercado por las tardes. Por las mañanas todos íbamos a la escuela. Ese día tenía algo de especial para mí: era el día del concurso de mecánica por el que habíamos trabajado mis compañeros y yo. Mi madre me acompañaba, mi paloma arrugada, la mujer que nunca tuvo iniciativa propia, la que siempre vivió para otros. A ella le debo la rebeldía que me caracteriza. Podía sentir su admiración aun sin mirarla, y eso hacía que me sintiera una supermujer. Era muy emocionante ver tanta gente: era como si fuera a comenzar un partido de fútbol. En el centro del campo estaban todos los carros de las diferentes ciudades; cada uno tendría fallas que serían puestas por cada mecánico contrario. Debíamos levantar la mano cuando estuviera finalizado el trabajo del carro. Debía encender y quedar bien estabilizado. La verdad, hicimos un buen equipo y, aunque no ganamos, quedamos en buen lugar. Para mí fue una gran satisfacción. Todavía me parece que observo a mamá. Nos abrazamos y reímos como locas. El contraste de la vida… Apenas unos meses atrás nos habíamos llevado un gran susto, y ahora la vida nos hacía cosquillas. Aprendí que debía guardar nítidamente esos sencillos momentos porque se daban poco. Había que capturarlos porque eso era la felicidad y, en un tiempo futuro, era lo que iba valer la pena recordar.

Mi amistad con Carla continúa. He llegado a quererla como a una hermana. Gracias a Dios, los vecinos y la gente de alrededor de la escuela nos fueron conociendo y empezamos a ganar dinero haciendo afinaciones para los carros, además de cuantas «mexicanadas» –como las llamo yo– aprendimos a hacer para arreglar motores, cosas que me traían recuerdos desde mi infancia en Juárez, cuando tenía ocho años en que me divertía con los carros viejos del *yonke* donde vivía. Ahora podía saber realmente cómo funcionaban: ya no me parecían tan fríos ahora que me encontraba con mis amigos para desarmar los motores. Ellos me miraban sorprendidos al usar esmalte de uñas para dejar huella en los fierros que quitaba para no perderme cuando los volvía armar. Escuché a uno de mis amigos reírse a carcajadas cuando me observó hacer eso mientras les decía a los otros que jamás lo haría porque era muy femenino, sin tomar en cuenta que mi amiga y yo nos desenvolvíamos con naturalidad en lo que ellos llamaban «su campo». Supe que jamás usarían esmalte, pero sí tuve la satisfacción de ayudarlos cuando no supieron cómo regresar lo que quitaron. Yo sabía muy bien que, para mis amigos, mi amiga y yo éramos intrusas. Me hacían recordar la escuela en Dallas, Texas, el instituto de maquinaria pesada diesel donde había estudiado. En una ocasión en que estábamos calibrando vielas en los motores de diesel, se escuchó una voz de un caballero que dijo: «Primero, las damas», y contestó otro enfadado: «Aquí no hay damas». Yo solo me quedé callada: había aprendido a lidiar con situaciones como esa. Me puse detrás de él cuando comenzó a calibrar bruscamente. Le saltó el diesel caliente y gritó retrocediendo. Todos se rieron de él y voltearon a verme. Yo supe lo que querían decirme; tomé la llave suavemente y me mantuve firme sin retroceder. Me llevé una palmada del maestro porque lo hice bien, aunque tengo que confesar que me quemé y que, en otras circunstancias, tal vez hubiera gritado como buena fémina que era. Las burlas para mi compañero no se hicieron esperar. Supe que me había ganado el respeto de todos mis compañeros y fue así como jamás me volvieron a molestar. Mis amigos de este lado no tenían por qué ser una excepción: al final eran hombres y lo serían siempre, aquí o en la luna.

Mientras continuaba con mi vida, me daba por pensar en el amor, que hasta ahora para mí solo había sido una especie de quimera. Ya con veinte años cumplidos, a mi corazón ese sentimiento no le era extraño. Me había enamorado al poco tiempo de haber pisado los Estados Unidos por primera vez; tenía dieciséis años y un «novio a distancia», como lo llamaba yo. Éramos tan jóvenes… Ninguno de los dos tenía carro y vivíamos en lados opuestos de la ciudad. Ese recuerdo llenaba mi corazón y, ahora que yo estaba en mi país, me había mandado una carta de allá, en la que decía que vendría a visitarme. Mi corazón saltaba de felicidad y me dio vergüenza de que alguien pudiera notarlo. Así pasaron varias semanas en que no supe nada de él; la tristeza me rondaba. Sorprendida, vi que una prima me había mandado una carta; era extraño, pues nunca antes lo había hecho. La abrí con desesperación: la carta decía textualmente: «Tu novio murió». Continué leyendo; me decía que había salido de la ciudad rumbo a su pueblo acompañado de un hermano y habían tenido un accidente automovilístico. Solamente él murió; su hermano quedó ileso. Mi mirada se mantuvo firme en el camino; el autobús quedó en total silencio, y mi mente comenzó a dibujar mi imagen.

AMERICAN TRADES INSTITUTE

BE IT KNOWN THAT

Gloria Quezada T.

has successfully completed the prescribed course of

DIESEL SERVICE TECHNICIAN

and is awarded this diploma which is emblematic of the
student's ability and aptitude in this field.

Given this 9th Day of February 1993

DALLAS, TEXAS

Director

Director of Education

MUJER

Yo, la mujer, iba por el camino con el alma despintada. Mi único deseo en ese momento era tener un espejo; quería mirar el profundo hueco de mi alma. Yo, una mujer como cualquier otra que de pronto observaba desmoronarse a su alrededor todas aquellas ilusiones de su primer amor… Seguía mirando de frente desvariando por los caminos del recuerdo; justo cuando mi mente lograba asomarse a las profundidades de mi ser, el grito atolondrado de un vendedor ambulante de pronto me devolvió el alma al cuerpo, un alma ya más quebrada con pedazos esparcidos que me estorbaban cuando lloraba, un llanto desbordado de una muerta viva.

Me volví a sentir como una flor negra, taladrada por el dolor cuando me bajé del autobús y me tiré en mi cama, pensando por qué no podía esquivar mi ventoso destino. Entré en un sueño profundo y así estuve por muchos días. Era de día cuando a oscuras quería seguir dormida y escuché a mi madre que me decía que estaba allí mi amiga la abogada. Me dio pena sentir que estaba ella allí en mi casa tan humilde; aunque no era la primera vez que me visitaba, no quería que me viera así. Le pedí a mamá que le diera cualquier explicación para no verla, pero enseguida vi que estaba al lado de mi cama. Mi madre le había contado que llevaba varios días sin levantarme. Me dijo que fuéramos a dar un paseo; su insistencia hizo que me parara. Me sostuvo con su brazo; yo estaba muy débil: la falta de alimento me había desgastado demasiado. Estaba como ebria. Me subió a su carro y se dirigió a su casa. Supe después que me habían inyectado vitaminas. El color volvió a mi cara. Habían sido muchos los eventos desfavorables que había venido arrastrando y luego la única ilusión que le daba a mi vida fuerza ya no estaba, pero empezó mi mente a enfocarse en el hecho de que Dios nunca se equivoca y pensé que tal vez estaba más cerca de mí. Creo que comenzaba a usar mis sentidos, aunque en ese momento era imposible que estuvieran en sincronía con mi corazón. Por lo menos estaba empezando a despertar del letargo emocional en el que estuve inmersa por tantos días. A partir de su muerte lo soñaba muy seguido, agitando su mano y diciéndome adiós.

DE PENSAMIENTO A PENSAMIENTO

Llegarán los tiempos en que me regales una rosa, sentados en una estrella donde nuestras manos se transmitan emociones. Por ahora juegas a brincar montañas, a hacer silbar el viento. Brilla, mi ángel alado, en tu fantástico mundo; ya no quiero que me arrope por las noches tu energía. Ve y goza de tu nueva vida con Dios y déjame a mí concebir pensamientos bellos de amor que aminoren mi pena.

Cuando terminó el año, ya los hilos de la necesidad estaban por reventar. Mi madre se veía muy enferma a pesar de que tenía tan solo 40 años. Los intentos de rescatar a papá del vicio habían fallado a pesar de dejarlo todos los días en las descascaradas puertas de aquel lugar de Alcohólicos Anónimos, donde siempre se despedía de mí con una misma promesa que por las tardes, cuando todos llegábamos a casa, había roto cuando lo mirábamos bajar del camión con dificultad. Observarlo provocaba en nuestra alma estados de confusión difíciles de contar. Una tarde decidí regresar a los Estados Unidos. Tener que cerrar todas estas páginas en mi vida sería un gran reto. Quiero pensar que, con la estrujada que últimamente había recibido mi espíritu, tendría más fuerza para brincar las vallas de mis miedos. Era de tarde; ya había empacado en mi mochila los rostros y sonrisas de mis pequeños hermanos, esencia de seres ingenuos. Una pequeña vocecita me hizo voltear sobre mi hombro: era mi hermana Chabelita, que me hacía mirarla a los ojos y prometerle que volvería por ella.

Llegar y volver a habituarse es como comenzar de nuevo. Me encontré con mis hermanos varones y me di cuenta de que andaban por allí haciendo suertes charras con su vida. Estaban en la edad de la punzada, embarrados de jabón para que no se les pegaran los problemas. Me preguntaba por qué tenía que ser yo la que comiera bocanadas de realidad. No lo entendía pero, en fin, jugaría a ser la Mujer Maravilla tan solo porque estaba primera en la lista. Después de haberme instalado en algún lugar de visita mientras conseguía dinero, las cosas se acomodaban muy rápido gracias a las personas con las que había trabajado antes. El ímpetu de mi desesperación por ayudar a mi familia en México me daba fuerzas. Conseguí tres trabajos: por las mañanas limpiaba casas y conseguí trabajo en un restaurant desde las tres de la tarde hasta las diez de la noche. El fin de semana era cajera en una discoteca de moda, donde con los ojos me divertía bailando en mi imaginación. Gracias al esfuerzo, en poco tiempo nos reunimos mi hermana de quince años y yo, y logramos rentar nuestra propia vivienda. Hacíamos planes para visitar a mamá; la promesa de regresar por mi otra hermanita se había hecho realidad aunque, ya estando allá, se me hizo muy difícil mirar a los ojos a mis otras hermanitas. Me pregunto quién se puede resistir a la dulzura que hay en la mirada de un niño. Les expliqué a las demás que no serían ellas las que me acompañarían en esa ocasión. Solo se iría conmigo la pequeña Isabel. Es difícil escoger entre amores. La travesía fue larga, cargada de zozobra con mi pequeña Isabel del brazo, soportando sus confiadas miradas que se me clavaban. A mí solo me quedaban mis pláticas con Dios donde le entregaba mi fe. Seguimos caminando. Atravesando el parque Chamisal, nos paramos a observar a los niños héroes. Observé a la pequeña con su semblante cabizbajo; la cargué en mis hombros y le señalé a uno de ellos y le dije: «Mira, pequeña, tú te estás convirtiendo en una niña héroe como ellos porque tienes la fuerza de dejar a tus padres y hermanos para venir tan lejos conmigo a tus cinco añitos. Dios te ha dado una misión muy importante: tienes ahora el poder de un ángel y tendrás que cuidar de mí y de tu hermana, que nos espera». Fue emocionante después de eso mirar a aquella niña todo el camino mantener su mirada de frente. Hasta le puse estilo a su andar, estilizada como aquellas estatuas de aquellos niños héroes que por siempre quedarían en su mente. Después de haberle pedido a Dios que nos hiciera invisibles, llegamos a nuestro destino y así la vida seguía. La madeja en la que se había convertido mi vida entre tanto trabajo me hacía sentir que, en cuanto a volverme a enamorar, tendría que poner primero a descongelar mi corazón. Trataba de salir de la oscuridad de aquella pérdida. Era una lucha interna que me abrazaba. Siempre habían quedado vacíos en mi niñez solitaria de afecto del padre que nos había dado la espalda para abrazar aquel vicio que más tarde lo consumió. Empecé a descubrir a personas que siempre estuvieron allí, pero a los que ahora miraba distinto. Aquel amigo me hacía poner los ojos en él porque era un ser encantador, mágico. Mis ojos lo miraban con admiración, hasta con temor diría yo. Su luz le dio color a mi deseo de sentir ilusión nuevamente en el amor, y hubo otro comienzo en mi atolondrada juventud que tuvo la insensatez de volverse a ilusionar equivocadamente. El tiempo pasó, y se abría de nuevo un espacio en mi vida, donde empecé a sentir que mi vientre comenzaba a gestar vida. Esa alegría interior para mí desconocida ahora tendría presencia real, y desde ese momento nacía en mí una fuente de poder que desbarataba la inercia del destino del que hasta ahora sentía que no me había permitido dar lo mejor de mí misma. Siempre amé profundamente a mis hermanos, pero aquel sentimiento que ahora sentía al escuchar al médico decirme que estaba embarazada era algo totalmente nuevo. Primero fue el susto que hizo que el doctor me tomara de la mano para no caer; me habían traicionado los pensamientos positivos y me preguntaba por qué me pasaba eso en el momento en que trataba de darle una mano al infortunio de mis hermanos y en que mi mente y mi cuerpo se encontraban en un desgarro total por tanta responsabilidad. Me provocó en ese momento gritar que me daba por vencida, pero la fuerza de ese pequeño amor que se gestaba en mí ahora impregnaba mi alma de sed de vivir. Con esta noticia sentí que empezaba a asumir la propia responsabilidad de mi vida; comprendí la magnitud de lo que representaba comenzar a escribir la historia de un ser humano en la Tierra.

QUERIDO HIJO

Quiero hacer un camino hacia tu corazón; quiero encender un fuego y que el humo se convierta en bendiciones. Quiero dibujar tu figura en mis pensamientos y allí protegerte. Quiero con mis manos tallarte puertas para que se te abran. Quiero darte mi mano para ayudarte a escribir la historia de tu vida.

Después de la sorpresa, ahora me sentía más fuerte, más capaz, con más vitalidad para salir adelante. Comenzaba a dominar mis nervios y, de aquella soledad, nacía un deseo de luchar por un mundo donde aquel ser pequeñito pudiera realizarse. Mi transición de mujer a madre me hacía sentir que mi mundo no sería un lugar extraño. Nadie se enteró de mi embarazo por los próximos cuatro meses, tiempo en que la desesperación de mi madre había llegado al límite con todos mis hermanos tan pequeños envueltos en la misma historia y con mi padre en su mismo estado etílico de siempre. Mi desesperación era tan grande que me olvidé de mi estado y volví con mi madre para tratar de ayudarla a que viniera conmigo. He aprendido que, cuando te quedas parada, el universo no se cansa de hacerte sufrir. Es como si con tu resistencia, en vez de ganarte su respeto, lo violentas más. O será que finalmente lo que quiere de ti es un rival de peso. No ha de querer que, cuando llegue el tiempo final, el alma todavía conserve la fragilidad con la que nacemos. Ha de ser por eso que se dedica a marcar la vida de angustias. Por fin ya estábamos todos muy cerca. Ese día había sido muy complicado y desde muy temprano por la mañana había comenzado mi carrera tomada de las pequeñas manos de mis hermanitas. Estaba temblando, pero su inocencia me hacía el milagro de que ya no temblara más. Se me contagiaba la confianza y empezaba a creer que todo saldría bien, y así fue con cada una. Pero lo peor estaba por venir: faltaba papá. Para él todo era un juego, enajenado por su estado. Empezaba a oscurecer cuando por fin logré que viniera conmigo con su mochila al hombro. La oscuridad de esta frontera espanta a los que caminan; solo se ven carros que con desprecio despiden aire cuando pasan a nuestro lado. El vacío que a oscuras se puede divisar por el corto barandal que solo cubre mi medio cuerpo invita a entrar allí. De pronto nos encontramos rodeados de varios hombres, todos vestidos normalmente como nosotros. Serían cinco o seis; nos jalaron, nos tiraron al suelo con mucho coraje. Con mi padre fueron más violentos; nos voltearon nuestras manos hacia atrás. Empecé a sentir amenazado mi cuerpo donde se encontraba mi pequeño guerrero que aguardaba entre la zozobra, a la expectativa de qué sería lo próximo que le haría sentir su madre. Con tan poco tiempo de vida y aún sin nacer, ya su destino se encontraba colgando de la escalera que lo sostenía entre la tierra y el cielo. Cuando ya nos tuvieron dentro como una oficina, me di cuenta de que eran policías encubiertos. Le hacían muchas preguntas a mi padre sobre una pequeña mesa, donde había muchos pequeños botes de plástico. Me llevaron a otro cuarto, y dos mujeres me pidieron que me quitara la ropa. No les hice ningún caso pues estaba sorprendida. Insistieron y les grité «por qué». Respondieron jalándome la ropa como si fuera la escena violenta de una película. Recuerdo hasta ahora la humillación que me hicieron sentir; buscaron en mi cuerpo como en una bolsa por dentro y por fuera. Entendí; las miré a los ojos y les dije que, si estaban buscando droga dentro de mí, no la iban a encontrar porque ni siquiera la conocía, y fue cuando me dijeron que habían encontrado unos pequeños botes a mi papá. Entonces me di cuenta y les expliqué que era medicina homeopática de mi madre. Solo se reían pero, al poco tiempo, entró otra persona que les explicó que habían llegado las pruebas del laboratorio y se habían dado cuenta de que era verdad. Ya casi amanecía cuando nos acompañaron a mi padre y a mí adonde nos habían levantado, con un amable adiós. Solo se despidieron. Papá y yo nos mirábamos como pájaros desplumados; él pedía un trago, y yo rezaba con mis ojos al cielo mientras que mis manos acariciaban mi vientre. He aprendido que la vida no puede ser singular; siempre me he culpado por querer arreglarle la vida a mi familia cuando sin ellos todo podría haber sido menos complicado, pero solo lo pienso por instantes. Sé que mis hermanos son como una orquesta que está dentro de mí. Si alguno de ellos dejara de tocar mi vida, sería como un círculo monótono y absurdo.

Dejar de sufrir no era opcional para nuestra familia cuando por fin ya estábamos todos juntos instalados en el país de las oportunidades. Parecía que la vida nos ofrecía una tregua, aunque papá se encargaba de ponernos los pies sobre la tierra con su terca enfermedad y, en vez de unirnos, eso hacía que todos los que éramos más grandes quisiéramos salir huyendo. Yo, por ejemplo, con casi ocho meses de embarazo y ya sin poder trabajar, me convencía a mí misma de que debía irme. Los insultos de mi padre por mi estado me tenían los nervios destrozados. Después de haber hablado con una tía materna a la que casi no conocía y que vivía en Colorado, decidí marcharme. Ella me prometió que cuidaría de mí hasta que naciera mi hijo. Después de haber viajado en camión por tantas horas –los ahorros que tenía no me alcanzaban para un vuelo–, el sueño profundo que provocaba en mí el embarazo hizo que me quedara profundamente dormida. A mitad del camino alguien se bajó y se llevó mi bolso con mi dinero. Llorar para mí era ya tan sencillo… Por mi embarazo me había vuelto más débil: era como sentir la responsabilidad que siempre había tenido, pero ahora muy dentro de mí realmente me sentía muy asustada. Aunque antes había experimentado el hambre, tener esta sensación en el embarazo era un martirio. Cuando llegué, el recibimiento de mi tía fue grato. Me sentía contenta, pero eran una familia con la que nunca había convivido. Por las noches me daba cuenta de que entraba gente extraña y de que ladraban mucho los perros. No sé cómo logré aguantar. Eran ya casi finales de diciembre, y todo estaba muy nevado. Me era trabajoso levantarme de donde estaba sentada. Sentía que debía irme; no encontraba valor para decirles que esa madrugada me había levantado a buscar un vaso de leche y, mientras lo estaba sirviendo, me di cuenta de que la puerta estaba abierta. Entró un hombre y caminó en dirección a mí. Lo miré sorprendida esperando escuchar lo que decía, pero me di cuenta de que su mirada no era normal. Además, lo que decía era inentendible. Se acercó tanto pero tanto a mí que solté la leche y salí corriendo. Al otro día, por la mañana, esperé a que todos se levantaran, con todas mi cosas listas para irme. No me pudieron hacer desistir de llamar y preguntar si salían camiones. La nieve estaba tan alta que no les quedó más remedio que llevarme a la estación. El viaje fue horrible: hacía tiempo que no sentía tanto frío… como en mis tiempos de niña en Juárez. El camión se movía entre la nieve como un avión con turbulencias; mi vientre se veía gigante y me hacía sentir tan extraña… Parecía una pelota que amenazaba con salir volando. Abrazada a mi niño, cerraba los ojos y danzaba a ciegas imaginando a un ser al que no conocía, pero al que ya quería tanto… Aunque de pronto pensaba que nunca antes se me había jodido tanto la vida, aquel ser generaba mucho amor en mí. Era como un pequeño salvaje trepado en una mula bronca; nunca antes me había sentido tan esclavizada por un sentimiento. Después de haber dormido tanto, desperté ya cuando casi llegaba otra vez a la ciudad de Dallas. Ganaba confianza a medida que pasaban los días. Ya estaba instalada con mi familia; los espacios eran muy reducidos, aunque todo se puede cuando la voluntad está unida por el amor. Pero, cuando teníamos que escuchar en alta voz las incoherencias de papá, era un alerta para huir. Mientras, los más pequeños se evadían jugando. Todavía recuerdo aquel amanecer cuando me molestaban los rayos del sol, recargada en aquella máquina de sodas con la espalda partida y con la cabeza sobre mi vientre (y todo para huir de papá). El dolor ya nunca se quitó; regresé al apartamento para avisarle a mamá que daría a luz; ella también recién intentaba dormir. Pobre madre mía, dicen que las enfermedades comienzan en el alma y, para cuando mi hijo nació, ya mi madre había comido muchas penas con tan solo cuarenta años. Ya se la veía muy gastada. Aun así fue mi amiga incondicional en el proceso de tener a mi hijo. Cuánto amor había en sus ojos cuando lo abrazó por primera vez: era su primer nieto. No me sorprendí: después de todo, ella era una mujer muy maternal. Su instinto era sobresaliente, y yo era muy afortunada de que estuviera allí para cambiarlo por primera vez y para darme valor con lo que se me venía por delante.

Ser de un pueblo tan pequeño tiene muchas desventajas, sobre todo si no tienes la protección de tu padre. A la semana de haber tenido a mi hijo, yo ya estaba trabajando y mi madre, que lo cuidaba, había recibido muchas visitas con pequeños regalos para el bebé. Personas que jamás habían tenido relación con nuestra familia, pero que eran del mismo pueblo, donde por supuesto hay gente buena, pero también mala. Cómo no recordar a las viejas brujas que se mofaron de mí hasta el cansancio agregando inventos en la cacerola negra. Desgraciadamente para ellas, fue tanto el veneno que le pusieron de más que con los años lucían moribundas pues, en sus festines de chismes, se habían comido su propio veneno. Se había corrido el rumor de que el papá de mi hijo era famoso, y estas chismosas visitaban a mamá para sacarle información. Me contaba que en silencio las observaba cuando murmurando deshojaban margaritas a sus espaldas: «Sí se parece, no se parece». Era tal el coraje reprimido de la humilde madre mía que nunca tuvo fuerza para enfrentar a nadie. Desafortunadamente para el clan de brujas, el niño había nacido muy parecido a su padre. Eso tal vez era una señal de Dios para las «murciélagas» mentirosas que tanto habían murmurado de mí y sembrado siempre comentarios insidiosos al respecto. Tengo que agregar que no lograron traumatizar mi vida en lo absoluto, pues siempre estuve muy ocupada tratando de sacarla adelante lo más honrosamente posible. Jamás dejé ni dejaré avinagrar mi alma gracias a mi hijo, que me ha tironeado las cuerdas del corazón hasta endulzar los paisajes más tristes de mis vivencias.

Después de haberme dedicado a trabajar como loca para poder suplir las necesidades de mi hijo, empecé a darme cuenta de que el niño había comenzado a crecer y, por lo tanto, a carecer de mi tiempo. Mi madre, enferma, se dividía entre él y mis pequeñas hermanas.

PERDÓN, HIJO

Perdón, hijo, porque fui por la vida trabajando de sol a luna y robé tiempo a tu existencia que me quería. Pedazos de mi vida ya no eran míos, sino tuyos. Me tomé el tiempo de darte la vida y ahora que estabas ahí no le daba pan ni agua a tu existencia.

Habían pasado varios años, y la enfermedad de mamá amenazaba con quitarle la vida. Los remedios para su enfermedad eran carísimos y estaba totalmente fuera de nuestros recursos económicos. El país le había puesto sus maletas en la puerta para que se regresara; todos nuestros ojos se veían con un vacío que no esperaba sino verle el rostro a la muerte, aunque habíamos tomado al toro por las astas y buscado hasta más no poder. Para una familia tan joven como la nuestra, las posibilidades eran contadas. Tres de mis jóvenes hermanas que habían llegado a este país cuando eran unas niñas ahora regresaban con ella. Debió haber sido un golpe muy duro después de tantos años; aunque conservaban su idioma, les fue difícil desenvolverse, pues ahora estaban como al principio en un mundo nuevo. Esto debe haberlas marcado tanto que me eran desconocidas. Las experiencias cambian a la gente, pero para ellas ha sido como nacer de nuevo. Gracias, querida Dalila, Tasha y Tommy, por haber sido tan fuertes. A pesar de su juventud, dejaron su escuela para embarcarse con mi madre en esos tiempos de tempestad, mientras que los demás hacíamos un hormiguero para tratar de ayudarlas. Ella logró vivir solo unos meses más.

LINDA, HERMOSA

Sé que presentías el final de tu camino, sé que mirabas el cielo nublarse y que esa era tu prisa por bañarme en tus palabras de aliento. Palabras que me daban una caricia y que ahora son murmullos que les hacen sonidos a mis pensamientos; voces mansas que llegan hasta la raíz de mi estrujado ser. Querida, dime por qué siento que me dices que sonría si con tu partida has empequeñecido mi mundo. ¿No entiendes?, necesito que tus miradas dulces me atrapen de nuevo. De pronto un silencio y logro sentir dentro de mi agitado corazón el paso de tus pensamientos a mi mente y encuentro tu ancla que mira al cielo.

Mis hermanas la cuidaron con mucho amor; una noche ella me habló. Siempre me dolieron mucho sus miradas de confianza porque yo sabía que no podía corresponderle. ¿Pero cómo decírselo? El único consuelo que nos queda a mis hermanos y a mí es que siempre fuimos muy buenos para venderle sueños.

ESPERANZAS

Acariciabas un sueño cuando me mirabas, y tu dulce mirada les encendía hogueras a mis fríos miedos. Sin que tú lo supieras, me construiste una vida de valor, amada mamá. ¿Y ahora qué hago yo con la muerte que te arrincona poco a poco? Trato de bañar tu alma en un manantial de fe porque sé que necesitas mantener tu existencia en Dios. «¿Por qué es un ser que nunca tuvo afanes dorados?», muchas veces le pregunté al cielo, pero ahora que te has ido ya no hay más reclamos, solo derrotas. Tu perpetuar por la vida ha terminado, y ahora solo vendo días de mi vida a cambio de un instante de la tuya.

Esa tarde no fue una excepción en cuanto a venderle un sueño. Me dijo que se sentía muy débil y que sentía que se iba a morir. Le dije que no, que ella era una guerrera, que habían inventado una vitamina buenísima y que iríamos las dos por la mañana a una iglesia donde nos iban a decir cómo conseguirla. Por la mañana, después de que le preparamos su comida favorita, noté que nos observaba a todas detenidamente. Enseguida fue todo tan rápido… Se fue como paloma quebrada que se deja llevar con el viento.

QUERIDA MAMÁ

Querida mamá, solo he podido soportar el dolor de perderte pensando que sigues viva. Tu partida me ha dejado una tristeza que cala hasta los huesos. Tu ausencia exprime mi corazón, y el frío que siento atraviesa las ventanas y decolora el arcoíris que está saliendo. Aunque sé que tendré que convivir con el dolor, me consolaré pensando que se irá conmigo algún día. Cuando nazca de nuevo en el otro seno, nuestros espíritus se reencontrarán porque son eternos. Dios me dará la sensibilidad para darme cuenta cuando se acerque el momento.

Pasaron los días sin dejar de cuestionarme por qué Dios sopla la velita antes de que debiera apagarse: mi madre era tan joven... y la amaba yo tanto... El destino siempre se había empeñado en separarnos y ahora sabía que no corría por mi cuenta el volverla a ver. Ya era cuestión de Dios, y eso me hacía pensar que tal vez sería durante algún tiempo en sus tiempos perfectos.

EL PERDÓN

Te fuiste sin un adiós, sin equipaje. Ya no estoy enojada contigo: por fin hallé el lugar en el que te encuentras en mi corazón. Ya no te extraño: te añoro. Estoy plena porque mis pensamientos hablan contigo, es fácil; la comunicación fluye y basta tan solo imaginarte para construirte de nuevo. Pero me quedo con lo que siento, ¿sabes? Ahora sí que estás en todas partes conmigo, traviesa, me haces reír porque ahora ríes. Lo presiento: ya no hay dolor. Brincaste ese puente, y ahora todo es serenidad. No escucho tus pasos pues te deslizas. No oigo tu voz: la siento. Y tu aroma llega en ese viento suave y fresco como lo es ahora tu entorno. Sigue feliz, que nada desarmonice tu paz; yo estoy feliz porque tú eres feliz.

El ir a despedir a mamá y observar aquel desgarbado montón de tierra me hizo pensar en esto que escribí.

QUERIDA

Vacíos, hondos vacíos. Busco un rastro en los recuerdos que aguardan en las huellas que dejaste tus manos. Eran rasposas, duras como estropajos, como en realidad fue tu vida. Cuando se trata de ti, no compongo en verso porque tu vida no fue para nada armoniosa. Quisiste matizarla sembrando muchas flores que en su momento también pincharon tus manos. Me consuela pensar que el tiempo al final cura las penas. Es verdad: sé que ya no te extrañaré tanto. Cada vez que tenga ganas de verte, me miraré al espejo, y mi reflejo me dará tu imagen. Hasta pronto, querida mamá; cuando se vaya el dolor, quedará la magia de tus recuerdos para abrazarme.

Con la muerte de mamá, la tristeza de de mi padre ahora era infinita, aunque nunca solitaria: acompañado de su botella, se daba valor. Ojalá le pusiera gasolina a su conciencia con la muerte de mamá pero ¿cómo ilusionarse? Es pedirle mucho a un ser débil que mira que la muerte le está arrebatando a quienes tanto ama, y ni aun así le da por levantar sus ilusiones quebradas. Nunca ha tenido valor para vivir la vida al natural; no tuvo fuerzas cuando su familia era un árbol que florecía. Ahora menos. Perdió a su joven hermano a los treinta años, también acorralado por el alcoholismo, y las fibras de su corazón no se rompieron. No le nació valor del dolor; solo más temores que lo hicieron más débil. Cuando murieron sus padres, siguió llenando el vaso de desilusiones. Su vicio convirtió la gama de colores que un día le ofreció la vida en nubarrones. Este ser que ahora observaba ya no era mi padre: me lo había arrebatado el alcoholismo desde que era una niña. Era como si sus ojos no tuvieran vida; podía adivinar que su muerte física lo rondaba, aunque me reconfortaba el pensar que algún día lo reencontraría en otro tiempo, en otro espacio.

MI PADRE ME ESPERA

Mi padre me espera más allá de las estrellas con un abrazo fuerte de sus manos cálidas para cobijar el frío con el que he de partir. Ya no me lastiman los lugares comunes por los que caminábamos ni el recuerdo de su hermetismo. Ahora soy un ser libre, libre de verlo sufrir por su enfermedad. Por fin dejé de dividir mis penas y aprendí a entender su silencio. Tardé tiempo en darme cuenta de que te amaba, querido papá. Me fue muy difícil mirarte a los ojos y adivinar tus penas. Desafortunadamente, ahora que comienzo a comprenderte, te ha llegado la hora de partir. Sé que para Dios no hay imposible; por eso en tu lecho de muerte me digo que ya no me importa que llegue la tarde pues acabo de hacer una cita contigo mas allá de las estrellas, padre.

Fue poco el tiempo que vivió después que murió mamá. El doctor lo había prevenido de su pronto desenlace si no dejaba de tomar, pero el abandono de su fe lo arrojó a la total desesperación y soledad. Sabía que ya no había ni fuerte ni sutil intento por defender su cuerpo; ahora solo le quedaba buscar su esencia y desterrar para siempre su angustia, sus culpas y tristezas. La vida lo había absorbido, y ahora el cielo lo reclamaba. El mirarlo allí en esa cama fría, tan fría como los ojos de aquel doctor... Tan frío estaba su cuerpo... Una frialdad reinante que no se dejaba calentar por el amor de todos sus once hijos que se detenían para no tocarlo por temor a reventarle el maltrecho hilo que lo sostenía a la vida.

PENSÉ

Miré a los ojos a mi padre como si fuera la primera vez. Cuando la vida se había desvanecido ya en su cuerpo, quise morir con él y pensé: «Todos los que nacemos a la vida tendremos que morir». Lo miré nuevamente y pensé: «Los elementos que conforman su cuerpo han dejado de tener armonía». Y entonces miré una oscuridad tan angustiante como la noche y nuevamente pensé: «Es la oscuridad de mi propia mente». Enseguida tuve un deseo inmenso de partir mi conciencia y no pensé. Desgarré mi alma y me desesperé. Al llamarlo intentaba darle un soplo de vida a su existencia, pero no había vuelta atrás: ya Dios tenía tomada su mano para que emprendieran el viaje. Fue así en ese momento como entendí que mi padre por fin acababa de romper las cadenas del sufrimiento por su adicción y ahora flotaba en otra existencia por fin libre.

Nuestra esperanza ahora se iba con él; sabíamos que ya no habría abrazos, besos de aquel padre que no supo darlos. Esos deseos de sus hijos morían al igual que él, y ahora solo nos quedaba la búsqueda eterna por sus abrazos, aunque fuera en sueños.

EL CIELO

Querido viejo, me pregunto dónde se juntarán nuestros sentimientos ahora que has partido. Fui cobarde porque no me arriesgué a decirte cuánto te amaba. Aun sabiendo que la estancia en la tierra es transitoria, no me di prisa. Ahora solo te pido que, desde la dimensión donde te encuentras, me mandes una caricia. Tú puedes porque para ti ya no hay límites; aquí yo vagamente me puedo dar cuenta de que existen estrellas en el cielo a diferencia de ti, que puedes ver nítidamente sus colores. Señálame una estrella verde, verde esperanza, para saber que no existe la apatía en el cielo y que algún día dialogarán nuestras emociones. Hasta pronto, querido papá. Mi mirada se encuentra fija en el cielo en espera de poder mirar esa estrella.

El hacer un pequeño recorrido por la vida de mi padre cuando él era más joven me es inevitable. Fui su hija mayor, y los recuerdos de aquel hombre joven soñador que pudo haber llevado su vida a otro nivel si no hubiera sido por su adicción todavía me estremecen. Pensar en los tiempos perdidos del regalo de vida que Dios le dio... No me explico de dónde se originó el vacío de su alma. Era un niño cuando le tomó la palabra al alcohol y se dejó convertir en un ser con un vacío interior, viviendo siempre con coraje y libertad reprimidos por culpa del vicio. Tomando le gritaba al mundo y daba salida a la hostilidad que por todos sentía, porque sabía que habían dejado de confiar en él.

ANDAR CAMINOS

Querido papá, cuando era niña me gustaba andar contigo. No importaba a qué lugares nos llevaran los caminos. Recuerdo que decías: «No importa que llegue primero la muerte o el próximo día». Típico de un enfermo alcohólico. Y yo me preguntaba por qué no pudiste sentir en tu corazón cuando te estabas perdiendo, cuando empezaste a sentir que el movimiento de tus manos ya era mecánico y de que no eras capaz de controlar tus emociones. Qué gran pelea ocurría dentro de ti cuando tus sentimientos se desgarraban de impotencia por no poder detener ya tus deseos. Creo que nadie imaginaba la lucha que se agitaba en tu conciencia. Tú, en respuesta a tus batallas perdidas, hacías reír porque tu ser lloraba. Hiciste buen uso de tu agilidad mental para impresionar, pues no querías que el mundo se diera cuenta de cuánta rabia sentías al saber que le perdías la guerra a tu adicción, aunque jamás pudiste engañar a quienes verdaderamente te amaban: tus hijos. No supiste cuándo te llego tu final pues dijiste: «Ya no vuelvo a tomar». Demasiado tarde: ya tu mente estaba siendo liberada por Dios, y para ti ya no había vuelta atrás. Ahora te habías convertido en un guerrero espiritual.

Me queda claro que papá fue un tipo con suerte al haber logrado vivir casi hasta sus 65 años. A pesar de que la vida le ofreció dos caras, él se defendió aprendiendo a mirar a todos lados. Esa tarde tan triste cuando se fue, el doctor nos dijo que tenía una condición diferente a la de los demás, llamada «dextrocardia»: tenía sus órganos invertidos. La padece una persona por casi cada millón en el mundo aproximadamente. Nos dijo que nosotros debíamos estar enterados debido a que personas como él debían ser controlados desde niños ya que podía ser peligroso. El doctor se quedó tan sorprendido como nosotros al enterarnos. No podía creer que en casi setenta años papá no lo hubiera sabido. Le explicamos que, aunque fuera difícil de creer, mi padre, a pesar de sus excesos con el alcohol, era un hombre muy sano y nunca tuvo ninguna cirugía que posiblemente hubiese detectado su condición cuando era joven. Era un hombre físicamente privilegiado en su salud, con un cuerpo grande y fuerte. Si no, ¿cómo explicar la forma como tomaba? Era muy conocido por su resistencia. Duraba días en los cuales solo dormitaba un poco y seguía como si nada. Recuerdo de mi niñez en Ciudad Juárez a una pareja. Cuando papá les pidió dinero, con desprecio le dijeron: «¿Un hombre tan grande y fuerte como usted pidiendo dinero, no le da vergüenza?». Era tan pequeña y me dolió tanto la humillación que quise haber podido decirles que mi padre era un enfermo, pero por dentro, que era un paralítico emocional y que nada tenía que ver un cuerpo sano sin una mente sana. También me vienen a la mente imágenes de mamá cuando limpiaba. Encontraba botecitos vacíos de alcohol de enfermería en todas partes: papá tomaba el alcohol. No sé cómo pudo levantarse cada mañana y seguir de frente así hasta sus casi setenta años.

Ibas así, mi querido soldado, con tu corazón volteado enfrentando a diario combates internos y, si bien es cierto que no naciste con un apellido distinguido, Dios te hizo distinto por alguna razón y estoy segura de que ahora serás digno de Él.

AMADO VIEJO

Querido viejo, hazme un camino con piedritas para que sepa llegar, un camino que me lleve a tu corazón. No me siento orgullosa de tus errores, pero me sirvieron porque me hicieron aprender y crecer; por eso te quiero. Me consuela tu partida pues tuvimos tiempo para despedirnos. Tardé poco en decirte adiós, y ahora sé que quizá me esperen muchos inviernos para volverte a encontrar. No lloraré para que mis lágrimas no nublen tu panorama y puedas ver de cerca el sol. Por fin eres fuerte, papá, y qué importa, querido viejo, si el mundo te extraña: lo que realmente cuenta es que te recuerden tus hijos.

Ahora tu alma es más blanca que la nieve porque cómo te podrían juzgar tus hijos si tan solo cumplías con tu destino. Fuiste nuestro maestro; nos enseñaste a mis hermanos y a mí lo que no se debe hacer en la vida. Nos lo representaste con tu cuerpo quebrantado por ese maldito vicio. Siempre supe cuando te miraba que nunca sería alcohólica, aunque tus genes me punzaban. Me había quedado claro que habíamos heredado ese maldito enemigo.

¿Por qué escribí este libro? Porque hay tantas personas que como yo flotan para no ahogarse cuando empiezan a descubrir desde niños que su vida se plantó con poco equilibrio. Ser la hija mayor de un alcohólico fue para mí el aprender de un padre que arrastraba por la vida una enfermedad que hizo hoyos en el alma de quienes más lo querían. Quedan en mí la satisfacción de no haber dejado pegostear derrotas en mi alma. Tuve que sacar fuerzas del cielo para que no me comieran las ganas de amar que de mi alma nacían. Fue dolorosa la malicia de los que me hicieron daño. Seres que se desdibujaron de mi memoria y me dejaron el regalo de ser dueña de mis pensamientos y sentimientos. Hoy por hoy ya no pierdo tiempo en hacer posible lo imposible. Hoy por hoy vivo mi destino sin querer agregarle horas extras a mi vida. Estoy tranquila esperando por lo que cada mañana me tenga pautado Dios.